上帝的叛徒：墮落守望者

增修版

目錄

前言

傳統歷史告訴我們，人類文明是由狩獵採集開始，然後經畜牧、農耕，最後才建立城邦城市，當中的演化被視為人類文明的逐漸進步。

事實真的是這樣嗎？我們發現人類最早出現的文明——蘇美爾文明，當中所涉及的農業、建築、藝術以至天文等的知識，似乎是在人類文明某個階段突然冒出來的，而非傳統歷史所認為的漸進式發展，難道人類文明的發展曾經受到外來力量的影響？為了追尋這個歷史真相，本書會帶大家從歷史、考古、神話、宗教、科學以及天文等各個方向來進行推理及分析，務求以宏觀視野來探討當中的可能性。

我會以《聖經》文獻作為主軸來貫通四大古文明，不過為了能更客觀分析，我也不乏引用其他宗教文獻，以便更全面去探討。書中內容沒有任何冒犯其他宗教的意圖，因為我相信各種宗教的教徒大多都是善良的，只是他們沒有留意到他們所信奉的宗教背後的源頭很可能跟邪惡力量有關，而這種邪惡力量與歷史上的全球大洪水存有密不可分的關係。我會帶大家從《聖經》、不同民族的神話以及考古天文學的角度來剖釋大洪水的來龍去脈，並透過對埃及金字塔、獅身人面像、吳哥城寺廟群以及中國三星堆遺跡的考證，使大家對這種曾介入人類文明的邪惡力量有更深入的了解。最終大家會發現埃及吉薩、柬埔寨吳哥城及中國三星堆之間原來存有一種神秘的連繫。

我相信我們一直認知的古文明是事實，但未必是事實的全部，古文明所真正包含的必比我們所知的更多。歷史真相會隨著時間流逝及人為因素而逐漸散失，尤其是牽涉遠古文明的資料則更甚。歷史自己不懂分科分類，人類自古以來的文化痕跡早已滲透到各科範疇裡去，若果我們只以傳統考古學及歷史學來研究人類文明史，定必會忽略了不少其他面向的資料與證據。我們理應通過跨科跨文化的研究去發掘它們之間的關聯，從而讓我們以更宏觀的角度去窺探歷史真相的種種謎團。本書其實是一幅拼圖，希望透過拼湊那些散落在四大古文明裡的宗教文獻、神話、天文以及古蹟的不同版塊，形成一幅人類文明發展史的拼圖。我不敢說這幅拼圖是完整無缺，當中仍然有不少缺失的板塊，但至少我們在人類文明史的謎宮裡已踏出了第一步。我們一路走，一路拾回那些失落的板塊。當我們完成這幅拼圖後，便會發現拼圖裡面將會為我們展示一道走出這個文明史謎宮的出路。

本書內容為修訂版本的第二版，當中加插了最新研究資料的部分，而且亦留下不少伏線，為要配合未來平行系列《上帝的信徒》的內容，務求把更完整的推論呈現在讀者面前。

朋友，你準備好了嗎？現在就跟我一起跨越這趟神秘古文明之旅！

第一部：文明之始

伊甸園的位置

人類的文明，就是始於伊甸園。「伊甸」跟希伯來文「歡愉」的字根相關[1]，「伊甸園」意為「歡愉花園」。對於這個「歡愉花園」的尋求，人類從未間斷過。就連著名航海家哥倫布（Christopher Columbus）先後四次遠赴美洲，其中的目的就包括要尋找伊甸園。[2] 自古以來人們對伊甸園的確實位置可謂眾說紛紜，除了美洲外，還有法國的埃丹、亞美尼亞以及非洲的埃塞俄比亞等。[3] 其實若要正確尋找伊甸園，我們應以《聖經》文本作為依據。根據《聖經》記載，伊甸園的位置在東方：

耶和華神在東方的伊甸栽了一個園子，把所造的人安置在那裡。（創世記二：8）

「東方」是一個相對的方向，要視乎你站在哪個位置作參考。神是以一個很神聖的地點作基準點，並在這基準點的東方建造伊甸園。對神來說，世上最神聖的地點莫過於耶路撒冷的聖殿山，它是第一和第二聖殿的位置，《列王紀上》曾指出聖殿山是如此的神聖：

你僕人和你百姓以色列向此處祈禱的時候，求你在你天上的居所垂聽，垂聽而赦免。（列王紀上八：30）

可見在聖殿山所作的祈禱能直達天上的耶和華，實現神人之間的溝通。換言之，聖殿山可視為耶和華之名在地上的永恆居所，是地上唯一可通達天上耶和華居所的聖地[4]，難怪聖殿山也是現今基督教、猶太教和伊斯蘭教所爭奪的地點。其實耶路撒冷自古以來也是人們心中的聖地，早在以色列人統領此地前，公元前一三五〇年的耶路撒冷王亞伯底赫帕（Abdi-Hepa）已用「幸福的住所」（Beit Shulmani）來形容耶路撒冷，當中的「Shulmani」很可能是「Shalem」的起源，而「Shalem」就是耶路撒冷的字根「Jerusalem」。[5]耶路撒冷聖殿山位於東經35度14分，所以只要是大於35度14分的位置也算是聖殿山的東方。但世上實在太多地點的經度都是大於35度14分，我們很難單憑這個條件去搜索伊甸園的位置，我們需要更多的線索。原來伊甸園除了在東方，它還是四條河流的源頭：

> 有一條河從伊甸流出來，滋潤那園子，從那裡分成四個源頭：第一條名叫比遜，它環繞哈腓拉全地，在那裡有金子。那地的金子很好，在那裡也有珍珠和紅瑪瑙。第二條河名叫基訓，它環繞古實全地。第三條河名叫希底結河，它流到亞述的東邊。第四條河就是伯拉河。（創世記二：10~14）

我們先看看這些河流背後的意義，然後再尋找伊甸園的確實位置。

1. 「希底結河」為希伯來文的名字，其希臘文的名字是底格里斯河，意思為「彎彎的河道」。「希底結河」，其意思為「急流似箭」，也帶有「貧瘠、攔阻」[6]之意。而底格里斯河流經的亞述地區，正是後來的巴比倫帝國（現今伊拉克）與亞述帝國的發源地，而這兩個帝國也先後侵略過耶路撒冷，可謂以色列人的「攔阻」，其結果使以色列的地土荒廢，變成了「貧瘠」的土地。底格里斯河的上游位於敘利亞境內。

2. 「伯拉河」為希伯來文的名字，其希臘文的名字是幼發拉底河，意思為「迅流之河」。「伯拉河」，其意思為「味道甜蜜」，也有「富饒」或「生長」[7]之意；幼發拉底河流經的區域正是所謂「肥沃月彎」的肥沃土地，它也是後來人類第一個文明——蘇美爾文明的發源地，這就反映出此地是「富饒」文明之地。另外，幼發拉底河的源頭位於土耳其的安那托利亞，而安那托利亞在希臘文的意思是「上升」[8]，而「上升」也就是「生長」的結果。

3. 根據《創世記》第十章，哈腓拉是古實的兒子，而古實又是含的兒子，而含又是挪亞的兒子。在大洪水後，含家族的根據地是現在的阿拉伯半島及北非地區，而哈腓拉的領地就是阿拉伯半島西北部。《聖經考釋辭典》也說明有關範圍：「從阿拉伯的內志省北部的沙漠內陸，到現代埃及及蘇伊士北面的地區。」[9]因此，看來哈腓拉的確是阿拉伯半島的西北部。巧合的是，阿拉伯半島西北部有不少金礦，也是盛產瑪瑙之地，如同經文所說「那裡有金子、紅瑪瑙」，所以可以確定比遜河必是流經阿拉伯半島的河流。比遜河的希伯來文意思為「充足地流淌」或「跳躍」[10]，哈腓拉的意思為「轉彎」。[11]有趣的是，流經阿拉伯半島的約旦河，因其上游落差甚大以致河水湍急，如同水流在「跳躍」；而在下遊的河道卻變得蜿蜒曲折[12]，河水要不斷「轉彎」。再者，《創世記》十三章十節如此形容約旦河：

> 羅得舉目，看見約旦河整個平原，直到瑣珥，都是水源充足之地。在耶和華未毀滅所多瑪、蛾摩拉以前，那地好像耶和華的園子，又像埃及地。（創世記十三：10）

當中「耶和華的園子」也就是伊甸園。這是《聖經》第一次提及約旦河的經文，而且羅得時代是挪亞大洪水之後，所以我認為約旦河其實就是大洪水前的比遜河，而在大洪水後才叫作約旦河。約旦河上游可追索自敘利亞境內。

4. 基訓河的希伯來文意思為「湧出的泉水」[13]，也帶有「驕傲、值得較量」[14]之意。原來《歷代志下》三十二章三十節曾提及過基訓的泉水位置：

> 這希西家也塞住基訓的上源，引水直下，流在大衛城的西邊。希西家所行的事盡都亨通。（歷代志下三十二：30）

當中的「大衛城」就是耶路撒冷，可見基訓泉水流經耶路撒冷附近，但已由以往地上的河流變為地下的泉水，其實大部分《聖經》裡的地圖也有標示基訓泉的位置，它位於聖殿山以南的汲淪谷（欣嫩子谷）。[15]

基訓泉跟希西家有關，根據《歷代志下》三十二章二十七至二十九節的記載，希西家是有財有勢的人：

> 希西家大有財富和尊榮，他為自己建造府庫，收藏金銀、寶石、香料、盾牌和各樣的寶器，又建造倉房，收藏五穀、新酒和新的油，又為各類牲畜蓋棚立圈，並且為自己建立城鎮，也擁有許多的羊群牛群，因為神賜他極多的財產。（歷代志下三十二：27～29）

如此看來希西家的確是基訓泉上的「驕傲」。另外，《歷代志下》一章四十五至四十六節有以下記載：

> 撒督祭司和拿單先知已經在基訓膏他作王了。他們從那裡歡呼著上來，城都震動，這就是你們所聽見的聲音。所羅門也已經登上國度的王位了。（歷代志下一：45～46）

原來所羅門也是在基訓泉受膏作王的，第一聖殿是由他所建的，因此所羅門王又是基訓泉上的另一「驕傲」。不過還有一點我們不可忽略的，就是基訓河必須流經蘇丹及埃塞俄比亞地區，因為古實原是含的兒子名字，其領地就是現在的蘇丹和埃塞俄比亞。原來基訓河的名字也有「爆開」[16]之意。巧合的是，流經蘇丹及埃塞俄比亞地區的尼羅河正位於東非大裂谷的西面[17]，而「大裂谷」也就是「爆開」的河谷。《聖經》第一次提及尼羅河的經文就是《創世記》十五章十八節：

在那日，耶和華與亞伯蘭立約，說：我已賜給你的後裔這一片地，從埃及河直到大河，幼發拉底河。（創世記十五：18）

當中的「埃及河」就是尼羅河，而亞伯蘭時代也是在挪亞大洪水之後，所以我認為尼羅河就是古代的基訓河，只是在大洪水後才叫作埃及河。就連英國皇家地理學會研究員愛德華·布魯克希欽（Edward Brooke-Hitching）在其著作《詭圖》中亦指出基訓河就是尼羅河。[18] 尼羅河以往應經過耶路撒冷地區（基訓泉的位置）連接至敘利亞區域，最後可能因大洪水導致的地形變動而使其河道改變（稍後有關洪水的章節會再探討），甚至在耶路撒冷地區已變成地下的泉水。地形變動也使埃及尼羅河的河水流動方向由原本的北向南轉為南向北。事實上，有證據顯示古代地中海海平面比現在的低了數百米，因此古代尼羅河一直延伸到現今地中海海底。[19] 此外，地中海東岸的海岸線（即現今的以色列、黎巴嫩及敘利亞）也必向西推移，從而提供了一個通道讓古代尼羅河直接延伸至敘利亞區域。

根據以上分析來追蹤底格里斯河、幼發拉底河及約旦河的源頭，伊甸園很可能位於現今敍利亞與土耳其交界的安那托利亞地區。這個區域介乎東經三十八度至四十二度之間，大於聖殿山的東經三十五度十四分，而且安那托利亞在希臘文有「東方、日出之地」[20] 的含意，完全符合了伊甸園位於東方的條件。

事實上，考古學家早於一九九四年已在土耳其東部發現一個古文明遺跡，稱為哥貝克力石陣（Göbekli Tepe）。它的歷史至少有一萬二千年，比埃及金字塔還要早出現。考古學家在裡面發現一些由T形巨石所構成的環形石陣，這些巨石的表面刻有多種動物的浮雕圖案，天文物理學家胡安・安東尼奧・貝爾蒙特（Juan Antonio Belmonte）認為這些圖案以及石陣的位置佈局可對應特定年份的星空裡的星座，如獅子座、金牛座和天蠍座。[21]如果屬實的話，創造哥貝克力石陣的人必定是來自擁有高度技術知識的古文明，而這古文明很可能跟伊甸園有關。換言之，伊甸園的歷史也應至少有一萬二千年。不過哥貝克力石陣很可能只是全球大洪水的生還者在伊甸園的遺址上重新建立的，而非伊甸園本身，就正如神學家馬丁路德（Martin Luther）及喀爾文（John Caluin）所認為：伊甸園已被大洪水所毀滅。[22]事實上有證據顯示伊甸園已被天災所摧毀，我稍後在全球大洪水的章節中會再討論。

關於伊甸園的最新研究，我在平行系列第一冊《上帝的信徒：伊甸園密碼》裡會有更詳細分析。

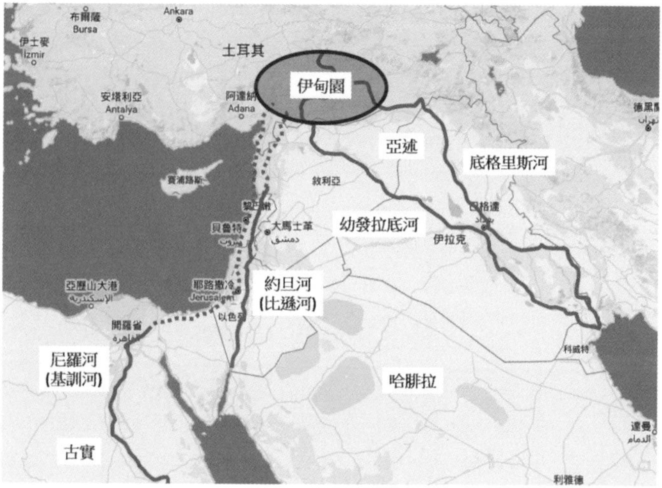

圖 1. 伊甸園位置圖

十七世紀愛爾蘭主教烏雪（James Ussher, 1581-1656）從聖經的族譜推算亞當應是距今六千多年受造，似乎與哥貝克力石陣的年代有出入。但我們要留意，烏雪當時的計算方法只是直接把經文中人物關係的年代相加，卻忽略了以色列人記錄族譜的習性。原來以色列人的家譜，主要有兩種形式：第一種是「上行式」家譜，其公式語為「甲是乙的兒子（ben）」。「ben」不單是指兒子，也可指「孫子」或「後代」。這一類型的家譜，只保留家族中某些重要人物的名字，其他次要人物將被簡略掉。第二種是「下行式」家譜，其公式語為「甲生了（ya lad）乙」。希伯來文動詞 ya lad 不單指父生子的直接肉身關係，也有「成為某人的祖先」的意思。[23] 此外，以色列人族譜通常著重於父系血統，即男性的家族血統。這與猶太宗教法律中關於繼承權和家族傳承的規定相關。基於以上種種原因，以色列人記錄族譜是非連續的，當中可能省略了不少人物，故此烏雪所計算出來的時間自然會比真實的為少，而哥貝克力石陣所告訴我們的一萬二千年（公元前一萬年）歷史並沒有因此而違背聖經。

圖 2. 哥貝克力石陣位於伊甸園範圍內

亞當和夏娃被趕出伊甸園

上帝吩咐亞當夏娃，園中各樣樹上所出的果子都可以隨意吃，只是知善惡的樹的果子不可吃，因為吃了必定死。狡猾的蛇卻對夏娃說，吃後不一定死，因為神只是怕他們吃後就像神一樣知道善惡才這樣說，於是夏娃及亞當在蛇的引誘下吃了智慧樹的果子。上帝知道後便詛咒蛇及亞當夏娃：從此蛇要在地上行走，女人生產時必受痛苦，男人必終生勞苦才能有食物可吃。人類的罪便一代傳一代，甚至每一代也不斷犯下更多的罪。上帝避免人再摘下生命樹的果子來吃而得永生，於是便把亞當與夏娃趕出伊甸園：

耶和華神把那人趕出去，就在伊甸園東邊安設基路伯和發出火焰轉動的劍，把守生命樹的道路。（創世記三：24）

由此可見，伊甸園裡種有兩棵很重要的樹：智慧樹和生命樹，前者得智慧，後者得永生。原本人類有機會享受永生，但因人沒有聽從神的命令而吃了智慧樹果子，最後連生命樹果子也不能吃。人類被逐出伊甸園後，仍然不斷渴望得到智

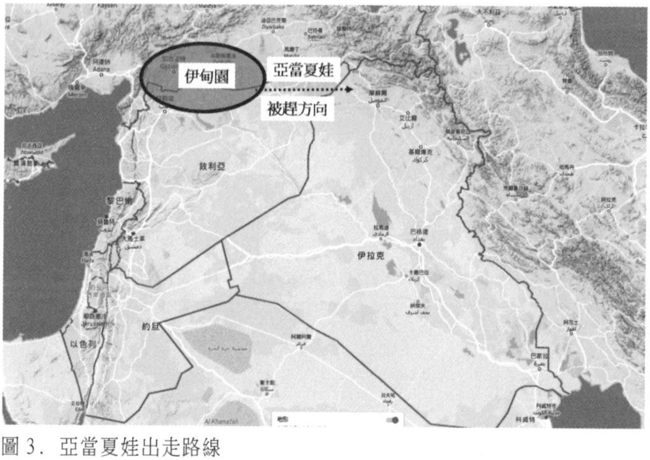

圖 3. 亞當夏娃出走路線

慧和永生。我們在稍後的篇章裡也會陸續看到各個古文明對知識和永生都有鍥而不捨的追求。

另外，我們從經文中得知，亞當與夏娃是從東方離開伊甸園，他們最終的落腳地其實就是後來的蘇美爾文明地區。事實上，作為蘇美爾文明後繼者的亞述，其出土的泥板就如此記載：

我們的祖先是帳篷居民，其族長名叫阿達木（Adamu）。

學者們相信當中的阿達木，也就是創世記的亞當。

第二部：蘇美爾文明

該隱後代與蘇美爾文明的創立者

亞當與夏娃被逐出伊甸園後，他們便在伊甸園的東面生活，並生了該隱及亞伯。該隱是耕地的而亞伯是牧羊的，這也附合考古學家認為哥貝力克石陣是農耕及畜牧發源地的說法。後來由於神看中了亞伯和他的供物，該隱便生氣並殺了亞伯，這就是人類史上第一宗謀殺案。神對這宗謀殺案的審判如下：

現在你必從這地受詛咒，這地開了口，從你手裡接受你弟弟的血。你耕種土地，它不再給你效力；你必流離飄蕩在地上。……於是該隱離開了耶和華的面，去住在伊甸東邊挪得之地。（創世記四：11～16）

因此該隱一生受神詛咒，又要到處流離飄蕩，他最後在伊甸東邊的挪得之地定居。這是繼伊甸園神對人的詛咒後的第二次詛咒。

該隱定居後與妻同房繁衍後代，而其後代各有技藝：

該隱與妻子同房，她就懷孕，生了以諾。該隱建造一座城，就照他兒子的名字稱那城為以諾。以諾生以拿，以拿生米戶雅利，米戶雅利生瑪土撒利，瑪土撒利生拉麥。拉麥娶了兩個妻子：一個名叫亞大，一個名叫洗拉。亞大生雅八；雅八是住帳棚、牧養牲畜之人的祖師。雅八的兄弟名叫猶八；他是所有彈琴吹簫之人的祖師。洗拉又生了土八．該隱；他是打造各樣銅器鐵器的工匠。土八．該隱的妹妹是拿瑪。（創世記四：17～22）

該隱後代能建城，懂牧養牲畜，又懂音樂，甚至能掌握冶金技術造工具造武器，這確是一種高度文明的社會。其實該隱後代所建立的社會很可能就是人類歷史上第一個古文明——蘇美爾（Sumer）文明。蘇美爾文明是第一個文明擁有城邦體制，有成熟的畜牧業（牛羊），有藝術的發展，有文字的創造，有金屬兵器的鑄造[24]，可見蘇美爾文明完全可跟該隱後代的技藝一一對應。而蘇美爾的地理位置剛好是挪得之地以南的地區，可以想像該隱後代是沿著底格里斯河及幼發拉底河的下游方向擴散發展，然後建立城邦。關於該隱後代與蘇美爾文明的關係，我們可從大英博物館中編號為74329的巴比倫泥版找到更多線索。英國考古學家米勒德（A.R. Millard）從這塊泥版翻譯出以下訊息：

阿默克達（Amakandu）意為悲傷漫遊著的人們，他們是耕種者的開端，首領的名字叫做凱恩（Kain）。

當中的「悲傷漫遊著的人們」跟該隱到處流離飄蕩的一生吻合，「耕種者的開端」亦配合創世記描述該隱家族的專長。更重要的是，泥版中的「凱恩」也就是聖經中的該隱，只是譯音上稍有不同罷了。

不過我直接把該隱後代所發展的文明等同蘇美爾文明的說法，似乎跟傳統歷史有出入，因為正統歷史告訴我們最早期的蘇美爾文明所建立的城市出現在公元前四千年之後[25]，跟前文所提及的公元前一萬年（伊甸園／該隱家族）至少相差六千。這其實取決於我們對「文明」的定義，如果我們撇除文明必須有城市建立的話，蘇美爾人的出現可上溯至公元前六千年。這個時期的蘇美爾人已有多項的發明，包括農耕用的犁、帶車輪的車子、帆船、神殿、宮殿及圓筒印章等[26]，這些創新的發明絕對可歸入「文明」的範疇。假若我們把「文明」定義為「畜牧與農耕的開始」，那麼「文明」的開端可追溯至更早時期。因為考古學家發現人類在公元前八千年已有農耕聚落的出現[27]，甚至在公元前九千年亦已在定居點附近飼養動物，而這些農耕聚落及畜牧定居點都是位於肥沃月彎地區。[28]所謂「肥沃月彎」就是由現今以色列、敘利亞延伸到伊拉克的彎月形地區[29]，當中包括前文提及的伊甸園、哥貝力克石陣、挪得之地及蘇美爾文明地區。另外，在以色列北部曾出土一尊雕像，確定年代為公元前九千年，再次顯示「肥沃月彎」的古人類在中石器時代已發展出藝術的雛型。[30]由於該隱家族所進駐的挪得之地正位於「肥沃月彎」境

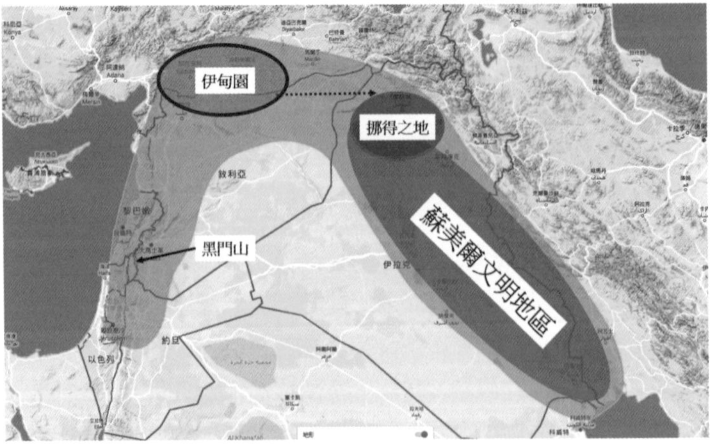

圖 4. 伊甸園、挪得之地及蘇美爾地區都位於肥沃月彎

內，所以那些在當地發展畜牧、農耕及藝術的古人類，很可能就是該隱家族的後代，甚至是蘇美爾人的祖先。不過唯一分別是該隱家族出現於全球大洪水之前，而蘇美爾文明則出現在大洪水之後。為免混淆，我先把該隱後代所發展的文明定義為洪水前的遠古文明，跟傳統歷史的蘇美爾文明分開討論。不過一個位於尼尼微廢墟的碑刻可能改變我們對蘇美爾文明的理解，因碑刻內容是亞述巴尼帕王親自寫下：[31]

> 文士之神將他的藝術和知識作為禮物贈予我。我被傳授了寫作的秘密。我甚至能夠讀懂來自蘇美人的碑刻。我明白石頭裡的神秘文字，它們刻於大洪水之前。《尼尼微廢墟碑刻》

亞述巴尼帕王眼中的蘇美爾人似乎在大洪水之前已出現，因此洪水前的遠古文明很可能根本是蘇美爾文明的前身，傳統歷史的蘇美爾文明只是蘇美爾後人在洪水後重新建立起來。在稍後的章節中，讀者將會發現蘇美爾文明的神話也一樣可追溯至洪水前的遠古文明，可見兩者之間存有前後繼承的關係。

上帝的叛徒：守望者與拿非利人

讀者應該還記得，該隱因殺了亞伯而受神詛咒，但該隱家族成員卻個個才藝過人，似乎是受祝福多於受詛咒，問題出在哪裡？或者我們應該問：為何文明發展全都集中在該隱家族而非塞特家族（塞特是亞當夏娃在亞伯被殺後所生）？以及該隱家族成員為何能在短時間內發展出高度文明？這個疑問也出現在考古學界之中，古文明研究權威撒迦利亞．西琴在其著作《地球編年史第一部：第12個天體》也指出蘇美爾文明的出現太過突然，毫無預兆，毫無原因。[32] 答案原來就隱藏在《創世記》第六章裡：

> 神的兒子們看見人的女子美貌，就隨意挑選，娶來為妻。（創世記六：2）
>
> 那時候有巨人在地上，後來也有；神的兒子們和人的女子們交合，生了孩子。那些人就是古代的勇士，有名的人物。（創世記六：4）

這兩節經文都提到「神的兒子」及「人的女子」，為何前者用「神」而後者用「人」？難道那些「兒子」與「女子」是屬於不同物種？神學界對這段經文一直有不少爭論，這是因為我們一直以現代眼光去看經文，卻忽略了舊約《聖經》的猶太背景。美國聖經學者兼牧師約翰．柯萊恩（John Klein）曾向猶太教拉比學習查經，利用猶太文化去重新了解《創世記》第六章的內容，他發現「神的兒子」在猶太文獻《塔納赫》（Tanakh）原文叫作「神聖的存在」（divine beings），或可叫作「天上的兒子們」（sons of heaven），所以在猶太文化裡一直把《創世記》第六章裡「神的兒子」視作天使，經文原意也就是指天使墮落後跟人的女子交合而生下巨人。[33] 就連世界宗教史權威默西亞埃里亞德（Mircea Eliade）教授也認為「神的兒子」可解作「墮落的天使」。[34] 其實我們也可從耶穌的兄弟猶大所寫的《猶大書》看到一點端倪，其中一節經文寫到：

> **至於那些不守本位、離開自己住處的天使，主用鎖鏈把他們永遠拘留在黑暗裡，等候大日子的審判。同樣，所多瑪、蛾摩拉和周圍城鎮的人也跟著他們一樣犯淫亂，隨從逆性的情慾，以致遭受永不熄滅之火的懲罰，作為眾人的鑒戒。（猶大書一：6～7）**

簡而言之，曾經有一批天使不守本位，離開天堂並犯下罪孽，需要被拘留及接受審判。究竟這批天使犯了什麼罪呢？而第二節經文則指出所多瑪和蛾摩拉的人犯下了跟那批天使相同的罪孽，就是淫亂罪。天使犯淫亂罪實在非同小可，那究竟這次犯罪事件是何時發生呢？所多瑪和蛾摩拉事件記載在《創世記》第十九章中，而根據《猶大書》的描述，天使犯淫亂罪應比所多瑪和蛾摩拉事件更早發生。若翻查《創世記》第一至十八章的內容，唯一有機會牽涉天使犯淫亂罪的記載就是上文所提及的創世記第六章的內容。若當中「神的兒子」就是天使的話，即天使下凡娶了人類的女子為妻並生下孩子，這樣就能對應《猶大書》有關天使犯淫亂罪的描述。另外，天使與女子生的孩子稱為「古代的勇士」或「巨人」，部分譯為「拿非利人」，英譯為「Nephilim」。[35]

除了《猶大書》外，由耶穌門徒彼得所寫的《彼得後書》也有記載天使犯罪的事件：

> **許多人會隨從他們淫蕩的行為，以致真理之道因他們的緣故被毀謗……既然神沒有寬容犯了罪**

的天使，反而把他們丟在地獄裡，囚禁在幽暗中等候審判；既然神也沒有寬容上古的世界，曾叫洪水臨到那不敬虔的世界，只保護了報公義信息的挪亞一家八口；既然神判決了所多瑪和蛾摩拉，將二城傾覆，焚燒成灰，作為後世不敬虔人的鑒戒，只搭救了那常為惡人的淫蕩憂傷的義人羅得——因為那義人住在他們當中，他正義的心因天天看見和聽見他們不法的事而傷痛；那麼，主知道搭救敬虔的人脫離試煉，把不義的人留在懲罰之下等候審判的日子，尤其那些隨從肉體、放縱污穢的情慾、藐視主的權威的人更是如此。（彼得後書二：2～10）

此處經文跟《猶大書》相似，也提及天使犯罪、上古洪水災難以及所多瑪蛾摩拉事件，三者的共同之處都是有關於淫亂情慾。可見《彼得後書》再次引證天使在上古時代曾下凡犯下淫亂罪。《猶大書》與《彼得後書》兩者所寫的內容極為相似，我認為猶大及彼得可能曾參考同一文獻——《以諾書》。《以諾書》對這班下凡天使有更詳細的描述，只是由於《以諾書》不是歸入正典之中，所以較少人留意。雖然《以諾書》屬於偽經，但偽經並不代表是虛假內容，而是代表借託別人名字所寫的經書，它們也有其參考價值。事實上，《猶大書》有一節經文曾暗示作者猶大曾參考過《以諾書》：

亞當的七世孫以諾曾預言這些人說：「看哪，主帶著他的千萬聖者來臨，要審判眾人，證實一切不敬虔的人所妄行一切不敬虔的事，又證實不敬虔的罪人所說頂撞他的剛愎的話。」這些人喜出怨言，責怪他人，隨從自己的情慾而行，口說誇大的話，為自己的利益諂媚人。（猶大書一：14～16）

以諾屬於《創世紀》裡的人物，但根據《創世紀》的記載，並沒有任何關於以諾的預言。唯一有記載以諾預言的經卷就是《以諾書》，因此《猶大書》裡所說的以諾預言很可能是來自《以諾書》。而且一九四七年在昆蘭發現的《死海古卷》裡也有《以諾書》的殘卷，可見耶穌時代的猶太教徒（艾塞尼派）也經常閱讀《以諾書》，並視之為正典。《以諾書》在現今之所以被貶為偽經，是基於羅馬教會在公元三二七年所發起的「反猶太法」（Anti-Jewish Law），他們把猶太文獻《米示拿》（Mishnah）、《塔木德》（Talmud）以及《以諾書》宣佈為不合法[36]，背後的動機似乎是基於政治原因多於神學考慮。愛荷華大學的考古學及聖經研究教授羅伯特嘉吉在其著作《創造聖經的城市》亦指出，早期羅馬教會在決定正典經書之前，已透過如第一尼西亞公會議（First Council of Nicaea）來先行制定教義。換言之，羅馬教會先制定教義，然後才按教義來篩選納入正典的經書，從而導致大量關於摩西、雅各與耶穌的經書被刪走。當中最大的問題是，在制定教義的過程中充滿爭權奪利的人事糾葛[37]，而《以諾書》就是這場權力鬥爭的犧牲品。既然基督教建基於猶太教，作為猶太文獻之一的《以諾書》其實值得我們參考，而且耶穌的兄弟猶大以及其門徒彼得也曾參考過《以諾書》，我們更加不可忽視《以諾書》有關天使下凡的記載。《以諾書》基本上分為《以諾一書》、《以諾二書》及《以諾三書》，至於天使下凡的內容則記載在《以諾一書》裡：[38]

在那些日子，人的兒子們多了起來，之後，又生了女兒，十分貌美。薩使，天上的兒子們，看見她們，就對她們傾心迷戀，對彼此說：「來吧，讓我們從人的後裔中挑選妻子，為我們生養孩

> 子吧。」那時，他們的領袖薩姆亞扎（Semjaza）對他們說：「我怕你們或許不會願意實行這個計畫，就讓我獨自承受這極大的罪。」但他們回答薩姆亞扎說：「我們全都起了誓言，而且彼此許下咒詛、彼此約束，我們不會改變我們的心意，必定履行我們所訂的計劃。」於是他們一同起誓，藉著咒詛彼此約束。這些天使總數為二百，降落在黑門山（Hermon）山頂上的阿亞帝斯（Ardos）。
>
> 在他們中間為首的名字是：薩姆亞扎（Semjaza）、烏拉卡巴拉米爾（Urakabarameel）、亞基比爾（Akibeel）、塔米爾（Tamiel）、拉姆爾（Ramuel）、但尼爾（Danel）、亞茲凱爾（Azkeel）、薩拉克尼爾（Saraknyal）、亞塞爾（Asael）、亞爾米爾斯（Armers）、巴特拉爾（Batral）、亞衲尼（Anane）、薩維比（Zavebe）、薩摩西爾（Shamsiel）、埃爾塔爾（Ertael）、圖瑞爾（Turel）、尤姆亞爾（Yomyael）、亞撒爾（Azazel）。這些是兩百天使的首長，其餘的天使也與他們全在一處。
>
> 於是他們娶了人的女兒作妻子，每個天使自己選擇妻子。他們開始與妻子親近、同住，又教他們巫術、咒文，以及樹根和樹木的分枝技術。女子生下了巨人。（以諾一書六：1～11）

這二百名天使以薩姆亞扎為首下凡娶妻，他們有時被稱為古利格利（Grigori）或守望者（Watcher）。他們降落的地點黑門山，正位於現今敘利亞境內，亦屬肥沃月彎的範圍裡，可見守望者與蘇美爾地區存有密不可分的關係。守望者是人類的守護天使，隸屬於天使級別中的特拉芬（Teraphim），是唯一一種可以長期保持人形狀態的天使[39]，如同《希伯來書》所說的一樣：

> 不可忘記用愛心接待旅客，因為曾經有人這樣做，在無意中接待了天使。（希伯來書十三：2）

根據猶太文獻《禧年書》的記載，守望者原是人類的指導天使：

> 因為在天使們降落到大地的日子裡，他們被稱為守望者，意思是說，他們指導人類子孫在大地上要行正直公義之事。（禧年書）

其實《但以理書》也曾記載尼布甲尼撒王在異像中看見守望者：

> 我觀看，我在床上腦中的異象是這樣，看哪，有守望者，就是神聖的一位，從天而降。
>
> （但以理書四：13）

尼布甲尼撒王形容守望者是神聖的，而且從天而降，相當吻合《以諾一書》及《禧年書》的下凡天使。當然尼布甲尼撒王所看見的是良善的守望者，而《以諾一書》的則是墮落的守望者。原來這班墮落守望者都是技藝高超，各有所長：

> 亞撒爾（Azazel）教人造劍、刀、盾牌和護胸的盔甲；製作鏡子（使他們能看見在自己背後的事物）以及手觸和飾品的手藝，又教人如何使用顏料、如何畫眉，以及如何使用各樣上等珍貴

的寶石和各種染料，以便世界可以改變成另一個模樣。不敬虔的事日漸增多；淫亂的事也增多了；他們行事不法，在各樣的事上敗壞了。亞瑪薩拉喀（Amazarak）教導巫術和植物接枝技術；亞爾米爾斯（Armers）教導如何化解巫術；巴爾卡亞爾（Barkayal）教導如何觀看星辰；亞基比爾（Akibeel）教導神蹟；塔米爾（Tamiel）教導天文學；以及亞薩拉達爾（Asaradel）教導月亮的變化移動。（以諾一書八：1～3）[40]

第一個是約坤（Yeqon）；他領天使的兒子下到地上，又藉著人的女兒引誘他們行邪惡的路。第二個是亞斯寶（Asbel）；他以邪惡誘惑聖潔天使的兒子，使他們因著人的女兒的緣故而玷污自己的身體。第三個是加達爾（Gaderel）；他曾經向人的子孫展示死亡的技倆，他引誘夏娃，他教導人的子孫（怎樣製造）致命的武器（例如）盾牌、護胸甲、作戰用的劍，以及（其他的）致命的工具。自此以後，（死亡）藉著它們對付地上的人，直到永遠。第四個是彼尼米（Pineme），他向人的子孫展示甜和苦的滋味，並把他們所有隱秘的智慧啟示給人的子孫。他又教導人學習寫字（的奧秘）和筆墨（的用途）；職是之故，很多人從永遠到永遠地犯錯，直到永永遠遠。（以諾一書六十九：4～9）[41]

這裡提到亞撒爾（Azazel）教人製作兵器及各種金屬加工方法，而《創世記》第四章則提到土八該隱是打造各樣銅器鐵器的工匠，所以我相信是由亞撒爾教導土八該隱有關金屬加工的知識。難怪猶太傳說中認為亞撒爾在地上世界娶了拿瑪當妻子，而拿瑪正正就是土八該隱的胞妹。[42]此外，這裡也提到薩姆亞扎（Semjaza）教授有關種植方法，其餘的守望者則教授有關天文的知識，甚至教人類使用文字，這就不難理解為何傳統的歷史會發現蘇美爾地區是最早展開農業發展、天文學以及文字的使用。

當然傳統歷史所說的是洪水後的蘇美爾文明，而這裡由守望者所帶領的則是洪水前的遠古文明。在稍後的篇章裡，讀者將了解到洪水前的遠古文明的知識如何順利傳遞至洪水後的蘇美爾文明。另外，上文最重要的就是提到有守望者教導上帝的兒子如何姦污人類女兒的身體，這正好回應了《彼得後書》及《猶大書》有關天使下凡犯姦淫罪的記載。

大洪水前的遠古文明

守望者首領亞撒爾教導士八該隱有關金屬加工的知識，而且又娶了士八該隱的妹妹拿瑪當妻子，似乎該隱家族的成員因為跟墮落的守望者勾結而獲得文明的知識，甚至因此而生下半人半神的拿非利人（巨人），這或許就是上帝對該隱詛咒的呈現。當然該隱背後的詛咒還有更多值得研究之處，我將在《上帝的信徒：伊甸園密碼》裡有詳細分析。

該隱家族在獲得文明知識之後開始在蘇美爾地區建立城市：

> 該隱與妻子同房，她就懷孕，生了以諾。該隱建造一座城，就照他兒子的名字稱那城為以諾。
> （創世記四：17）

這個以諾城就是聖經記載的第一個城市。巧合的是，蘇美爾神話曾提過洪水前有統治者在蘇美爾地區建立五個城市。讀者可能會認為神話是充滿幻想及用誇張的表達手法來撰寫，並不能當真正歷史來看待。事實上，蘇美爾人看待神話似乎就像真正的歷史，對古代人來說神話所講述諸神和這世界的運作方式是真實可信的。[43] 有關大洪水前五個城市的神話都記載在賓夕凡尼亞大學考古學與人類學博物館裡所珍藏的石板上：[44]

> 上帝賜予他皇冠和王權的寶座之後，他完善了儀式和崇高神聖的法律，在這片純淨之地建立了五個城市。他為城市取名，將其作為祭儀中心。第一個城市叫艾利都（Eridu），第二個城市叫巴地比拉（Badtibira），第三個城市叫拉勒克（Larak），第四個城市叫西柏爾（Sippar），第五個城市叫蘇魯巴克（Shuruppak）。《賓夕凡尼亞大學石板》

在蘇美爾神話中還出現一個聖人叫做俄安內（Oannes），他及其手下七位聖賢（Apkallu）被刻劃成為人類帶來文明的人，他們給予人類道德準則、藝術工藝和農業，教會人們建築規劃、建造以及工程技能。[45] 對比之下，他們跟守望者的行徑相當類似，都是給人類帶來文明，或許這就是該隱後人對守望者神化後的一種記錄。根據公元前三世紀的巴比倫祭司貝諾索斯的描述[46]，聖人俄安內的形象也相當奇特：

他的整個身體呈魚的形狀，但是在魚頭的下面還有另一個頭——人頭，與魚尾相連，看上去很像一個人，並且有人類的聲音，在一天結束的時候，怪物俄安內會回到海裡度過夜晚。他是兩棲動物，既能生活在陸地又能生活在海洋，後來類似俄安內的其他怪物出現了。《貝羅索斯和曼內托》

俄安內呈現出半人半魚的外形，類似我們現今所說的美人魚，可惜他是男的。這種半人半魚的神明在聖經裡也曾經出現過，他就是非利士人所敬拜的假神大袞（Dagon）：

非利士人擄了神的約櫃，帶進大袞廟，放在大袞的旁邊。次日，亞實突人清早起來，看哪，大袞仆倒在耶和華的約櫃前，臉伏於地，他們就扶起大袞，把它放回原處。又次日，他們清早起來，看哪，大袞仆倒在耶和華的約櫃前，臉伏於地，並且大袞的頭和兩手都在門檻上

圖 5. 俄安內

圖 6. 俄安內及七聖賢

折斷，只剩下大衮的軀幹。（撒母耳記上五：2～4）

關於約櫃被擄走的事件，我稍後才作討論。我們先把注意力放到大衮（Dagon），原來大衮當中的「Dag」在希伯來文中代表魚，因此他的形象就是半人半魚。學者相信大衮就是從蘇美爾的俄安內演變過來。[47]所以非利士人所敬拜的大衮很可能是來自蘇美爾的聖人或守望者，只是在大洪水後被人奉為神明。另外，貝諾索斯形容俄安內的手下七聖賢是怪物，因為七聖賢有時是半人半魚的狀態，有時則呈現是半人半鳥的外形。他們手上拿著的容器稱為圓桶（banduddu），被認為盛放著聖水——永生之水；另一隻手拿著的是松果，代表智慧。七聖賢的聖水與松果不難令人聯想到伊甸園裡的生命樹與智慧樹。

對於大洪水前七聖賢對蘇美爾文明發展的影響，愛沙尼亞塔爾圖大學的研究員阿馬爾安努斯亦認為：[48]

圖 7. 俄安內

圖 8. 七聖賢

大洪水前的這段時期是美索不達米亞神話帶來的啟示之一，這些啟示為隨後所有的知識奠定了基礎。七位上古先賢是文化英雄，是他們帶來了文明的藝術。在接下來的時間裡，沒有出現任何新的發明，只是傳播和展開最初的啟示。俄安內和其他先賢向上古人類傳授了一切文明的基礎。

再一次顯示俄安內和七聖賢跟《創世記》第六章所提及的守望者非常相似。如果讀者有細心觀察的話，俄安內和七聖賢背後都長有一對翼，就像天使背後的那一對，而守望者正正就是墮落天使。俄安內和七聖賢本身並非神明，他們都是由一位叫做恩基（Enki）的蘇美爾神明所創造。恩基是蘇美爾神話中的水神，也是一切知識和魔法的來源。他把工藝技術傳授給人類，所以他是木匠、石匠和鐵匠都供奉的主神。[49]蘇美語的「En」原本是高級祭司的稱號，後來引申有「王」的意思，而「ki」是「大地」的意思，合起來恩基就是「大地之王」。祭祀恩基的神廟叫「é-engur-a」，意即水上的房子。恩基的代表符號是一隻山羊和一條魚，後來合成了摩羯座。[50]在蘇美爾的浮雕和壁畫上，恩基的肩膀總是掛著兩股水流（底格里斯河與幼發拉底河），裡面時常有魚，所以

圖 9. 恩基

寶瓶座和雙魚座也是他的代表。[51]

恩基也是秘密保守者（Knower of Secrets）和神聖的大蛇（Divine Serpent），他其實就是蘇美爾版本伊甸園中引誘夏娃吃禁果的那條蛇。[52]學者朱爾斯奧波特指出，阿卡德人稱他們的祖先為蘇美爾人，而他們所住的地區為蘇美爾之地，蘇美爾之地的字面意思為守望者之地，因此蘇美爾」（Shumer）的字面意思就是「守望者」。[53]而恩基是蘇美爾地區的大地之王，亦即恩基是守望者的首領。在守望者的首領之中，跟恩基最相似的就是薩姆亞扎（Semjaza）。薩姆亞扎的位格是熾天使撒拉弗（Seraphim），熾天使的形象就是飛蛇[54]，而恩基則是伊甸園中的蛇。薩姆亞扎原是掌管水的天使[55]，而恩基則是蘇美爾的水神。薩姆亞扎教人魔法[56]，而恩基則是魔法的來源。雖然他們兩者也有相異之處，根據《以諾一書》，薩姆亞扎是在黑門山降落，而恩基則是在波斯灣海上降落[57]，但黑門山與波斯灣都同屬蘇美爾地區。另外，雖然薩姆亞扎在猶太傳說中的代表星座是獵戶座[58]，而恩基的代表星座則是摩羯座、寶瓶座和雙魚座，但我們在稍後的章節中將了解到這幾個星座之間的關係。既然薩姆亞扎與恩基有如此多的共通點，所以我相信薩姆亞扎在下凡後於蘇美爾地區以恩基之名自封為神，並創立了蘇美爾神話，藉此掩蓋上帝創造世界的歷史。

全球大洪水與考古證據

耶和華見人在地上罪大惡極，終日心裡所想的盡都是惡事，耶和華就因造人在地上感到遺憾，心中憂傷。耶和華說：「我要把所造的人和走獸，爬行動物，以及天空的飛鳥，都從地面上除滅，因為我造了他們感到遺憾。」只有挪亞在耶和華眼前蒙恩。（創世記六：5～7）

這裡所指的「地上罪大惡極」及「心裡都所想的盡都是惡事」就是指第六章第六節所說到神的兒子們和人的女子交合生了孩子，而這些孩子就是拿非利人，亦即該隱家族與墮落守望者所生的巨人。根據《以諾一書》所說，拿非利人身材非常之高大，食量相當驚人，吃光地上的農作物與野獸，於是拿非利人開始以人類與同類為食。舊約偽經《禧年書》亦曾提及有多名拿非利人互相殘殺，於是世界上因這些拿非利人的食物殘渣和排泄物變成了不潔的場所，就連獲得天上知識的人類（該隱家族）也開始墮落，並熱衷於姦淫。於是上帝就派出大天使米迦勒、加百列、烏列爾及拉斐爾去捉拿墮落的守望者，並計劃以大洪水毀滅拿非利人，淨化世界。[59] 根據猶太文化的解釋，被洪水毀滅的拿非利人靈魂，死後便化作後來聖經所提及的污鬼或邪靈，因為拿非利人並非出於神的意願而創造，而是出於墮落守望者與人的雜交物種，當中充滿罪惡的元素。換言之，污鬼或邪靈並非來自死後的人類，而是死後的拿非利人。根據約伯記七章九至十節所說：

雲彩消散而過；照樣，人下陰間也不再上來。他不再回自己的家；故土也不再認識他。

這表示人死後會到陰間去，並不會變成污鬼或邪靈返回人間。再者，我們只要對比大洪水前後的經文，會發現聖經在大洪水並未提及污鬼或邪靈，只有在大洪水後才出現污鬼或邪靈的描述，再一次說明污鬼或邪靈跟大洪水和拿非利人有直接關係。事實上，我們可以從馬太福音十二章四十三節看到污鬼的特質：

> 污鬼離了人身，就在無水之地過來過去，尋求安歇之處，卻尋不著。

由此可見，污鬼的住處原在水中，這是基於拿非利人被大洪水所滅，他們死後的靈魂滯留在水裡。不過污鬼也很喜歡附在人身上，但若果污鬼離開了人的身體，但又找不著水源，他們便會「過來過去」，成為地上的孤魂野鬼，直至找到另一個可附的人體或動物身體。正如馬太福音八章二十八至三十四節的耶穌趕鬼事件，當時耶穌在加大拉人的地方遇到兩個被鬼附的人，附在人體裡的污鬼向耶穌作出以下請求：

> 鬼就央求耶穌，說：「若把我們趕出去，就打發我們進入豬群吧！」耶穌說：「去吧！」鬼就出來，進入豬群。全群忽然闖下山崖，投在海裏淹死了。

大家有否想過豬群為何要跳崖自盡？這是因為附在豬群裡的污鬼要藉著豬群投海而讓自己返回海裡，回到水的住處！拿非利人的靈魂要返回水中！總的來說，聖經所提及被鬼附的人，其實就是被那些拿非利人靈魂所化成的污鬼所附。（關於污鬼的討論，部分資料由 Stephanie Wong 提供。）

關於大洪水，《創世記》第六章至第七章有詳細記載：上帝見挪亞是義人，便教他製作方舟逃避洪水，並吩咐他要把潔淨的牲畜各取七公七母，不潔淨的牲畜則各取一公一母，並帶上方舟。然後大深淵的泉源都裂開，天上的窗戶也敞開，上帝降雨在大地共四十晝夜。過了一百五十天，水就退了，方舟停在亞拉臘山上。挪亞走出方舟，並為上帝築了一座壇，拿各種潔淨的牲畜和各種潔淨的飛鳥，獻在壇上為燔祭。上帝與挪亞一家立約：凡有血肉的，不再被洪水滅絕，也不再有洪水毀壞世界，並以彩虹作為立約的記號。

巧合的是，蘇美爾神話《吉爾伽美什史詩》的第十一片泥版（被稱為《大洪水泥板》）裡面所記載的內容，跟創世紀的大洪水故事相當類似：恩利爾與眾神投票決定要懲罰人類，當中只有恩基憐憫世人，他把洪水災難消息透露給烏特納比西丁，並教他建造方舟以及吩咐他把各式各樣的種子帶上方舟。烏特納比西丁按照恩基的旨示叫家人上方舟，並帶了家畜和平原上的野獸。然後洪水來了，大雨下了六日六夜，世人都因此而化為泥濘。最後方舟停在一座山上，那是唯一高出水面的地點。烏特納比西丁離開方舟，並向天神獻祭。[60]

《吉爾伽美什史詩》寫作年代是公元前二五〇〇年，而《創世記》的寫作年代則為公元前九百年，所以有學者認為《創世記》關於大洪水的內容很可能是抄襲自《吉爾伽美什史詩》。[61] 其實《創世記》與《吉爾伽美什史詩》有高度的相似性並不代表其中一方必然抄襲另一方，而是有其他可能性。我認為可以有以下三個可能：

1.《吉爾伽美什史詩》早於《創世記》出現，所以《創世記》是抄襲自《吉爾伽美什史詩》。這是個很自然的推論，但不是唯一的合理推論。

2.《吉爾伽美什史詩》與《創世記》都有同一故事來源，它們是記載同一個歷史的不同版本，只是《吉爾伽美什史詩》較早寫成，而《創世記》則較後寫成，兩者獨立出現。

3.守望者下凡後曾教導該隱家族如何書寫，該隱家族便以《吉爾伽美什史詩》歌頌恩基（或薩姆亞扎），記載的內容是被守望者扭曲後的歷史，從而迷惑世人。而古猶太人在較後期才掌握文字書寫（因沒有守望者的指導），但摩西所寫的《創世記》則是來自上帝的啟示，是真實歷史的記錄。

我作為基督徒當然比較支持第三點的說法，這也是本書的重點：就是守望者介入人類的文明發展，以迷惑世人為目的，使人遠離神的旨意。不過在學術界裡仍然以第一點的說法最多人支持，我沒打算在這裡加入學術辯論，因為這不是本書的討論方向。我反而有興趣的就是兩個文本之間的相似之處，尤其是方舟擱淺的地點。《創世記》說到方舟停在亞拉臘山上，而《吉爾伽美什史詩》也提到方舟停在一座山上，這山位於亞美尼亞。[62]現今的亞拉臘山位於土耳其東面的山脈，但這山在以往歷史是屬於亞美尼亞地區。因為土耳其與亞美尼亞是相鄰的國家，亞拉臘山在一九二三年之後才被劃入土耳其的疆界裡。即使到現在，亞美尼亞人的心中仍然認為亞拉臘山是屬於他們國家的，所以他們的國徽畫有挪亞方舟的形象。

簡而言之，挪亞方舟就是停泊在位於土耳其與亞美尼亞之間的亞拉臘山。亞拉臘山的位置跟本書開首所說的哥貝克力石陣其實相距不遠，而石陣裡的巨石上刻有不少動物的浮雕，這些浮雕會否是挪亞後人用來記念方舟上的動物？石陣的歷史至少有一萬二千年，難道這場大洪水就是發生在一萬二千年以前？

二零零七年，由加州大學聖芭芭拉分校海洋學家詹姆斯肯尼特，以及加利福尼亞州勞倫斯伯克利國家實驗室的核分析化學家理查德費爾斯通為首的研究團隊，發表了一篇名為《促成巨型動物滅絕與新仙女木降溫事件的一萬二千九百年前的外星撞擊證據》的論文，內容提及約在一萬二千九百年前一顆彗星衝入大氣層，並分裂成數塊大型碎片撞擊北美地區，當時北美正處於末次冰河期，大部分地區都受冰蓋覆蓋。彗星撞擊所產生的高溫使冰蓋突然融化產生洪水，而由撞擊所激起的大量蒸氣夾雜塵土遮閉天空，從而導致新仙女木期降溫事件。研究團隊更在撞擊遺跡的離散層發現含銥的磁性顆粒、磁性微球、木炭、碳小球以及納米金剛石，這些都是彗星撞擊的確實證據。[63] 及後的二零一四年，來自芝加哥德保羅大學化學系的科學家查爾斯坎齊發表了《跨越三大洲的納米金剛石富集層與一萬二千八百年前的宇宙撞擊相符》，當中提

圖 10. 亞美尼亞國徽中有挪亞方舟

及那次的彗星撞擊的範圍（YDB field）不單限於北美地區，還包括歐洲以及中東的敘利亞[64]，而撞擊時間更下調為一萬二千八百年前（這個鑑定年份可能仍有誤差，我會在有關埃及的篇裡再作討論。）。我覺得有趣的是，文中提及的敘利亞也正是我們一直所討論的蘇美爾地區，《創世記》以及蘇美爾神話《吉爾伽美什史詩》所記載的洪水好可能就跟這次彗星撞擊冰蓋有關。彗星本身是含有大量水分的星體，再加上冰蓋儲有大量淡水，兩者的撞擊的確可以在短時間內產生超級大型洪水，或許這就是上帝在挪亞時代引發洪水的科學手段。事實上，就連世界知名的加州大學聖塔芭芭拉分校考古學家布萊恩費根都認為《創世記》的洪水是來自於歐亞冰蓋融化所產生的古黑海洪水事件[65]，而歐亞冰蓋正是一萬二千八百年前彗星撞擊的範圍。

至於聖經是如何描述這場大洪水的來源？我們先看看《創世記》的記載：

挪亞六百歲那一年的二月十七日，就在那一天，大深淵的泉源都裂開，天上的窗戶也敞開了，四十晝夜有大雨降在地上。（創世記七：11～12）

其中的「大深淵的泉源都裂開」似乎是一種大型的地殼活動，甚至是大地震。假若新仙女木期彗星撞擊理論是正確的話，撞擊可引致大型地震，使冰蓋裂開融化，如同經文所說「泉源都裂開」。更重要的是，經文提到「天上的窗戶也敞開了」，英譯為「floodgates of the heavens were opened」。根據創世記一章八節，神稱穹蒼為天，所以這裡的「天上／heavens」不單指大氣層，而是包括宇宙空間。換而言之，《聖經》指出洪水來源除了來自地上泉源，還有來自宇宙的水源，而彗星就是其中之一。當彗星擊中北美及歐亞冰蓋，高溫使冰蓋融化產生大量水蒸氣，水蒸氣在空中冷卻後凝結成雨水，便導致經文所說的「四十晝夜有大雨降在地上」。而這次彗星撞擊範圍包括敘利亞地區，亦即伊甸園的位置，所以伊甸園就是因這次彗星撞擊而被完全摧毀。撞擊的地震引發地殼變動，可能因此而使敘利亞西部區域下沉，使原本連接敘利亞的尼羅河（基訓河）因而改道，由原本位於耶路撒冷地區表面的河流變成地下泉水（基訓泉）。同時，彗星撞擊使非洲板塊向地中海方向沉降，形成非洲南部比北部為高的地勢，最終迫使尼羅河的河水逆流，由原本的北向南流向轉為南向北流向。

蘇美爾神話除了《吉爾伽美什史詩》提及大洪水外，以楔形文字刻在蘇美爾泥板上的《阿特拉哈西斯》也一樣記載了這則故事：[66]

他們打破了宇宙的屏障！你所提到的洪水是屬於誰的？

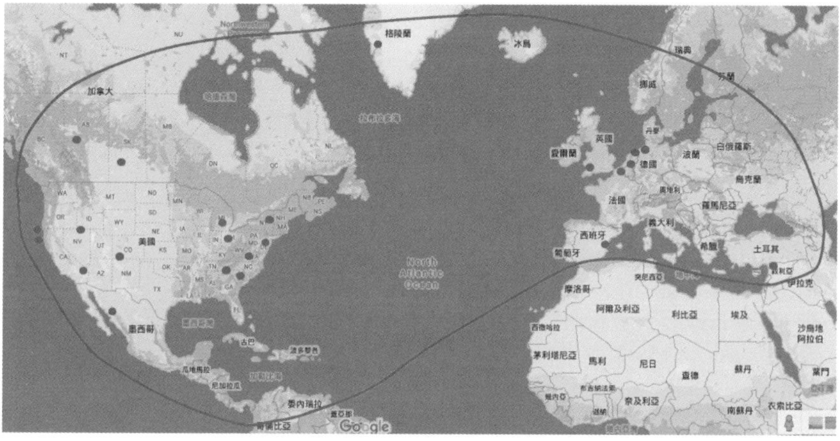

圖 11. 新仙女木期彗星撞擊的 22 個撞擊點及其影響範圍（其中一個撞擊點就是敘利亞的伊甸園）

眾神指揮了全部的毀滅！恩利爾對人作出了惡行！他們在眾神集會上的命令：為以後帶來一場洪水，並叫道「讓我們付諸行動！」《阿特拉哈西斯》泥板

這裡的「打破了宇宙的屏障」跟《創世記》的「天上的窗戶也敞開了」同出一撤，很可能就是指一萬二千八百年前的新仙女木期彗星撞擊事件。文中提及大洪水的罪魁禍首是恩利爾（Enlil），而恩利爾就是恩基的兄長。恩利爾名字的意思是「空域的主人」，所以他是蘇美爾的風神。蘇美爾人稱他為「天上的王子，人間的首領」，他能掌握人類的命運，亦能製造地震。[67]恩利爾在巴比倫時代被稱為「彼勒」[68]，亦即《聖經》中的巴力。由於恩利爾負責引發洪水，角色等同《聖經》中的耶和華。但在蘇美爾神話中恩利爾（耶和華）是滅絕人類的兇手，他被視為反派。相反，幫助人類逃過洪水災難的恩基（伊甸園中的蛇）則是正派。由此可見，蘇美爾神話把聖經中的正反派角色對調，這正是我之前所說：守望者創作了蘇美爾神話，目的就是要扭曲事實，迷惑人類，令人遠離神。另外，恩利爾又稱為「天堂公牛」[69]，因此他的代表星座是金牛座。[70]巧合的是，來自威爾斯加的夫大學天體生物學中心的天文學家比爾納皮爾在二零一零年發表了一篇論文，認為金牛座流星雨似乎跟昔日的新仙女木期彗星的殘骸有關。[71]換言之，比爾納皮爾認為新仙女木期彗星是來自金牛座方向，彗星在運行的過程中分裂，部分碎片進入大氣層並導致一萬二千八百年前的新仙女木期撞擊事件，而其餘碎片則殘留在低軌道運行，形成金牛座流星雨，當中包含十九個較大的碎片。可見，蘇美爾神話與科學證據對於大洪水的來源都同時指向金牛座，這的確是一個值得我們注意的巧合。

大洪水後的文明重建

洪水退卻後，挪亞一家八口走出方舟，挪亞與三個兒子逐漸在蘇美爾地區再次建立文明。

挪亞的兒子，從方舟出來的，有閃、含和雅弗。含是迦南的父親。這是挪亞的三個兒子，他們的後裔散佈全地。（創世記九：18～19）

雅弗的兒子是歌篾、瑪各、瑪代、雅完、土巴、米設、提拉。歌篾的兒子是亞實基拿、利法、陀迦瑪。雅完的兒子是以利沙、他施、基提、羅單人。從這些人中有沿海國家的人散居各處，有自己的土地，各有各的語言、宗族、國家。（創世記十：2～5）

含的兒子是古實、麥西、弗、迦南。古實的兒子是西巴、哈腓拉、撒弗他、拉瑪、撒弗提迦。拉瑪的兒子是示巴、底但。麥西生路低人、亞拿米人、利哈比人、拿弗土希人、帕斯魯細人、迦斯路希人、迦斐託人；非利士人是從迦斐託人出來的。迦南生了長子西頓，又生赫和耶布斯人、亞摩利人、革迦撒人、希未人、亞基人、西尼人、亞瓦底人、洗瑪利人、哈馬人，後來迦南的家族散開了。迦南的疆界是從西頓到基拉耳，直到迦薩，又到所多瑪、蛾摩拉、押瑪、洗扁，直到拉沙。這就是含的後裔，各有自己的宗族、語言、土地和國家。（創世記十：5～7，13～20）

閃也生了兒子，他是雅弗的哥哥，是希伯人的祖先。閃的兒子是以攔、亞述、亞法撒、路德、亞蘭。亞蘭的兒子是烏斯、戶勒、基帖、瑪施。亞法撒生沙拉，沙拉生希伯。希伯生了兩個兒子，一個名叫法勒，因為那時人分地居住；法勒的兄弟名叫約坍。約坍生亞摩答、沙列、哈薩瑪非、耶拉、哈多蘭、烏薩、德拉、俄巴路、亞比瑪利、示巴、阿斐、哈腓拉、約巴，這些都是約坍的兒子。他們所住的地方是從米沙直到西發，到東邊的山。這就是閃的後裔，各有自己的宗族、語言、土地和國家。（創世記十：21～31）

按照聖經所說，閃、含、雅弗的家族在不同地方落戶，大概分佈如下：[72]

一、雅弗家族佔據土耳其、希臘和高加索地區。
二、含家族佔據埃及、努比亞、北非和迦南地區。
三、閃家族佔據阿拉伯和蘇美爾地區。

不過三個家族的地理位置分佈並不穩定，因為含家族有一個成員侵佔了閃家族的地區，他就是寧錄：

古實又生寧錄，他是地上第一個勇士。他在耶和華面前是個英勇的獵人，所以有話說：「像寧錄在耶和華面前是個英勇的獵人。」他王國的開始是在巴別、以力、亞甲、甲尼，都在示拿地。

他從那地出來往亞述去，建造了尼尼微、利河伯、迦拉，以及尼尼微和迦拉之間的利鮮，那是座大城。（創世記十：8～12）

蘇美爾地區（巴別、以力、亞甲、甲尼）原本屬於閃家族的，但寧錄竟然佔據了這地區並建立起自己的城邦，可見其霸道反叛性格，亦可見其勢力的強大。事實上寧錄並非他的真正名字，根據學者羅森茂勒所說：「寧錄這個名字來自希伯來語「馬拉德」（ma・radh）一詞，意思是『他反叛』、『他叛逆』。東方人慣於為去世的顯要人物起個名字，名字的含意往往跟這人的生前事跡十分吻合。」[73]另外按照聖經所說，除了寧錄建立城邦之外，挪亞其餘的兒子後代也在各地建立自己的城市：

這些是挪亞兒子的宗族，按著他們的後代立國。洪水以後，邦國就從他們散佈在地上。（創世記十：32）

洪水過後，以往的文明應完全摧毀，人類應以採獵的生活重新開始，或以遊牧生活為主。但為何挪亞的後代好像掌握了相當多的知識去建立文明城市？難道洪水前的文明知識透過某種形式保留了下來？

根據傳說，亞當夏娃在伊甸園生活時是受到天使的照顧，但當他們被驅逐出伊甸園後便不知道怎樣生活。亞當向神祈求，神於是派出天使拉結爾現身，把一本記載著各種人間知識與技術的書交給亞當，讓亞當夏娃學習如何生活，而此書名為《天使拉結爾之書》。[74]後來亞當與兒子塞特參考了《天使拉結爾知書》，並合寫了一本名為《亞當之書》的著作，這本書同樣是記載著天地萬物一切知識和秘密。最後，《亞當之書》被交到天使阿利歐克（Arioc）與馬利歐克（Marioc）手中保管。另外，根據《以諾一書》及《以諾二書》的記載，以諾曾登上天堂，在神的命令下編寫了三百六十本書，這些書也記載著天下間的知識，以諾把他們傳給了自己的兒子：

> 我兒瑪土撒拉，我現在要向你陳述一切的事情，並給你記錄下來。我已經向你顯明一切，並把記錄這一切事情的書卷交給你。我兒，你從你父手裏得著的書，你要好好保存，並要傳給世上的歷世歷代。（以諾一書八十二：1）

> 我將保存你家族中的一個義人和他的全家，他按照我的旨意行事。從他的後裔，我要興起另一個世代，也就是最後的一個世代，但當中的大多數人仍然是貪得無厭的。我要為那世代興起一個人，他要向他們啟示你和你列祖所寫的書卷。他要為他們指示大地的守護塔、就是真誠的人，和那些遵行我旨意的人，他們不會任意妄稱我的名。你要告訴那世代；當他們讀完（書卷）之後，他們最終會比最初更為榮耀。（以諾二書三十五：1～3）

另一版本則說神把以諾所寫的三百六十本書交給天使阿利歐克與馬利歐克保管。在大洪水過後，這兩位天使就把《亞當之書》及以諾所寫的三百六十本書一同交給挪亞，讓挪亞利用這些知識重建文明。[75] 另外，傳說挪亞在洪水前曾在天使拉斐爾手中獲得《天使拉結爾之書》，利用書上知識才能順利建好方舟。換言之，挪亞手中擁有多本載有天下萬物知識和秘密的著作，包括《天使拉結爾之書》、《亞當之書》及以諾所寫的三百六十本書。這些聖書的內容最後相信由挪亞傳授給自己兒子，於是挪亞的後代便能利用這些知識很快地重建文明。

蘇美爾神話裡亦有類似的文明傳承的記載：恩基出現在西索思羅斯的夢裡向他透露人類將被一場巨大的洪水毀滅，然後恩基命令西索思羅斯將所有的石板一起埋葬在太陽之城西柏爾……西索思羅斯意識到陸地再次出現了，他和妻子、兒女和舵手一起下了船……這個神秘的聲音接著指示他們重返西柏爾，去發掘埋藏在那裡的石板，並把它們交給人類。[76]

似乎恩基（或薩姆亞扎）以石板的形式把洪水前由守望者所掌握的文明知識紀錄下來，並把它埋藏起來，待洪水過後再傳授給人類。而西柏爾正是蘇美爾地區裡的巴別附近，亦即寧錄的勢力範圍。難道寧錄是因獲得這些石板上的額外知識而建立起比其他家族成員更強的城邦？當然這純粹是我的猜測。不過即使寧錄沒有這些石板，他仍然可能獲得其他勢力的幫助，從而建立起強大的城邦。這裡所說的其他勢力就是指拿非利人（巨人）的餘孽，根據《巨人之書》的記載，巨人奧格（Og）曾經抓著方舟屋頂而逃過洪水之災，並在洪水後繁衍新一代拿非利人。[77] 奧格就是《聖經》裡的巴珊王噩：

這黑門山，西頓人稱為西連，亞摩利人稱為示尼珥。我們奪了平原的各城、基列全地、巴珊全地，直到撒迦和以得來，都是巴珊王噩國內的城鎮。巴珊王噩是利泛音人所餘剩僅存的。他的床是鐵的，長九肘，寬四肘，都是以人肘為度；現今豈不是在亞捫人的拉巴麼？（申命記3：9～11）

可見巴珊王噩的身材相當高大，完全符合拿非利人的身分，其根據地包括黑門山，而黑門山就是當年守望者降落的地點。經文更提及他是利泛音人（Raphaite），《聖經》的其他經卷裡亦有提及利泛音人的特徵：

先前，以米人（意為「可怕」）住在那裡，百姓又大又多，像亞衲人一樣高大。他們跟亞衲人一樣，也算是利泛音人，但摩押人卻稱他們為以米人。（申命記二：10～11）

我們在那裡看見巨人，就是巨人中的亞衲族人。我們在自己眼中像蚱蜢一樣，而在他們眼中，我們也確是這樣。」（民數記13：33）

所以以米人和亞衲族人都是利泛音人的一種，同屬於巨人。洪水前稱為拿非利人，洪水後則稱為利泛音人或亞衲族人。這再次證明巴珊王噩確是一位巨人，甚至《巨人之書》更告訴我們他是一位名為歐雅的拿非利人的兒子，而歐雅就是薩姆亞扎跟人類女子（該隱家族）所生的兒子。[78]簡而言之，巴珊王噩就是薩姆亞扎（或恩基）的孫兒。

《民數記》提及的亞衲族人，是散居在約但河兩岸的一支民族，主要集中在希伯崙、底壁、非利士地及摩押等，其來歷仍然不明。[79] 亞衲人英譯為 Anakites 或 Anakim，他們很可能跟蘇美爾神話中的阿努納奇有關，因阿努納奇英譯為 Anunnaki，而恩基就是阿努納奇的成員之一[80]。換言之，阿努納奇的活動範圍正是蘇美爾地區，跟《民數記》提及的亞衲人的活動範圍只是相隔了一座山脈，兩者剛好位於肥沃月彎的兩端，所以我認為亞衲人就是阿努納奇的近親，甚至兩者是相等的。若推論正確，亞衲人也可被視為守望者或拿非利人的後代，因為守望者所降落的黑門山正位於肥沃月彎境內。阿努納奇（亞衲人）的活動範圍正是寧錄的勢力範圍，故此有理由相信寧錄就是獲得阿努納奇（亞衲人）的幫助才能迅速建立多個強大城邦，遠遠超越閃家族及雅弗家族的勢力。

從上文可見，蘇美爾地區上同時存在兩個家族：閃家族（亞伯拉罕所屬）和含家族（寧錄所屬）。原本屬於北非的含家族竟然走到蘇美爾地區建立了多個強大城邦，相信兩個家族在爭奪土地及資源上產生了不少紛爭。

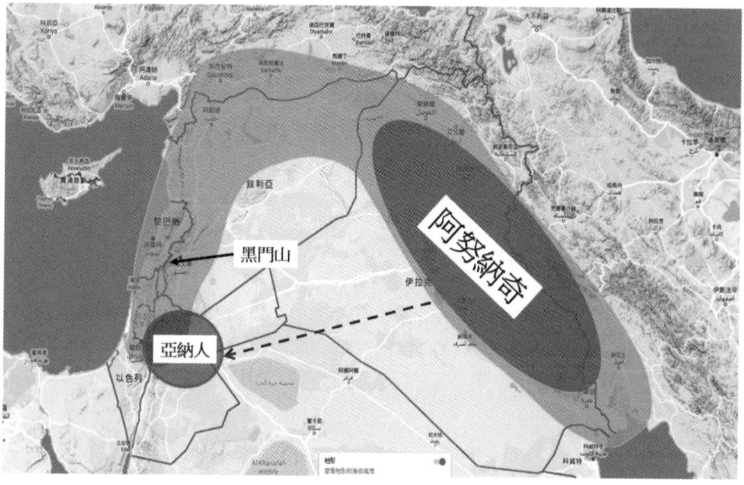

圖 12. 阿努納奇與亞衲人的根據地分別位於肥沃月彎的兩端

歷史學家也告訴我們蘇美爾地區當時有數十個城邦，各城邦都有自己的朝廷，有自己的國王。城邦之間充滿爭吵，主要是為了宗教原因或爭奪水資源的控制。這些城邦人口約為四、五萬人，儘管他們大多保持了統一的語言、宗教習慣和文化，但各城邦有自己的廟宇、主神及祭司體系等。[81]

例如，埃利都的主神是恩基，巴比倫的主神是馬爾杜克（Marduk）[82]，烏魯克的主神是伊絲塔（Isthar）[83]，烏爾的主神是辛（Sin）[84]，而西柏爾的主神是沙瑪什（Shamash）[85]。但有一點需注意的是，我在這裡所引用的神祇名字部分是屬阿卡德時期，如伊絲塔、辛及沙瑪什，他們在蘇美爾時期應分別稱作伊南娜（Inanna）、南納（Nanna）及烏圖（Utu）。其實這只不過是不同時期的古人以不同的語言去稱呼相同的神祇，這種宗教轉移在過往很普遍。正如美國芝加哥大學宗教史教授默西亞．埃里亞德在其著作《世界宗教理念史卷一》中所說，大部分蘇美爾的城邦及神殿都被烏瑪（Umma）國王呂卡扎基斯（Logalzappisi）於西元前二三七五年統合，後來經過一世代，阿卡德的薩爾貢（Sargon）掘起，但蘇美爾的宗教仍得以完全保留在阿卡德的結構裡。[86]

換言之，阿卡德的神祇是承襲於蘇美爾的神祇，只是名字改變了。因此，作為蘇美爾研究權威之一的撒迦利亞．西琴在其著作《地球編年史第一部：第12個天體》[87]以及神話學大師阿爾圖羅馬爾瑟羅帕斯夸爾及特奧戈麥斯所著的《神話》[88]裡也把伊絲塔等同於伊南娜、辛等同於南納及沙瑪什等同於烏圖，兩組名稱會交替使用。為免大家混淆，我在下文將統一使用阿卡德時期的稱謂：即伊絲塔、辛及沙瑪什。另外，美國東方學家卡爾美（S.N. Karmer）指出蘇美爾的宗教文獻雖然最早是完成於公元前三千年，不過它們卻反映出更古老的宗教信仰。[89]換言之，卡爾美認為宗教文獻的寫作年份不等於事件發生的年份，它可以記載發生已久的神話、傳說或歷史。所以無論是蘇美爾神話、阿卡德神話還是後來的巴比倫神話，雖然它們的寫作時間有前後之分，但我們不應把它們視作獨立的神話系統，因為它們都是承襲於遠比蘇美爾更古老的宗教信仰系統，而這個系統就是我前文所說的洪水前的遠古文明，也就是由守望者所建立的文明。默西亞・埃里亞德教授也指出蘇美爾人很可能來自肥沃月彎的北部地區民族[90]，而肥沃月彎的北部地區不正是我前文所提及的挪得之地嗎？當年由該隱家族跟守望者共同建立的遠古文明的根據地就是挪得之地，所以我認為蘇美爾、阿卡德及巴比倫所崇拜的主神都可以對應當年墮落的守望者的領袖：

一、恩基是魔法之神，可對應守望者中教人類魔法知識的薩姆亞扎。
二、辛是月神，可對應守望者當中教人類月球知識亞薩拉達爾（Asaradel）。
三、馬爾杜克是戰神，可對應守望者當中教人類製造金屬兵器的亞撒爾（Azazel）。
四、沙瑪什是太陽神，可對應守望者當中教人類太陽知識的薩摩西爾（Shamsiel）。

馬爾杜克之所以可視作戰神，基於《神話》指出馬爾杜克為恩基之子，他因打敗蒂雅瑪特而成為眾神領袖，集所有天神特性於一身[91]，所以他也是戰神。[92]雖然馬爾杜克是在後期的巴比倫神話才出現，但有證據顯示馬爾杜克是由蘇美爾的阿薩魯盧杜（Asaruludu）所演化過來，阿薩魯盧杜是阿努納奇的成員之一，父親為恩基[93]，這也解釋了馬爾杜克為何是恩基之子。故此，馬爾杜克也是另一個宗教轉移的例子，情況如同阿卡德神祇是承襲自蘇美爾神祇一樣。阿薩魯盧杜有一個重要稱號為「火焰之劍的主人」[94]，完全配合馬爾杜克的戰神形象，亦等同於守望者當中教人類製造金屬兵器的亞撒爾。再者，阿薩魯盧杜的開首發音「Asaruludu」跟亞撒爾的「Azazel」是相當接近，因此我認為馬爾杜克或阿薩魯盧杜是可對應於亞撒爾。

當中的太陽神沙瑪什，曾經與人類女子交合生了一兒，他後來成為了安神廟的祭司，而這祭司的後人就是第一個追求永生的半人神吉爾伽美什的父親。換言之，吉爾伽美什擁有沙瑪什的血統，他是公元前二九〇〇年烏魯克的統治者。[95]吉爾伽美什的半人神血統顯示出他也是拿非利人，可見蘇美爾地區不少的統治者都屬守望者的後人。另外，我在前文已提及過有關約櫃被非利士人擄走的事，原來事件還有後著。根據《撒母耳記上》第五至六章的記載，因非利士人把約櫃運到亞實突的大袞廟，耶和華便使亞實突所有人都患上痔瘡，這種懲罰也相當幽默。不過非利士人的幽默也不弱，他們製作了五個金痔瘡作賠罪，並連同約櫃一起運到伯示麥，要把約櫃交還給以色列人。後來有七十個伯示麥人因擅觀約櫃而被耶和華擊殺。為何耶和華要擊殺伯示麥人？就是單單擅觀約櫃而要被殺？原來伯示麥的希伯來文為「Beth Shemesh」，意為「太陽神之屋」[96]，而當中的「Shemesh」其實就是「Shamash」，亦即太陽神沙瑪什。原來伯示麥就是敬拜沙瑪什的地方，難怪耶和華要擊殺伯示麥人。

至於伊絲塔，她是愛與豐饒女神，亦是金星之神。默西亞．埃里亞德教授在《世界宗教理念史卷一》指出伊絲塔除了等同於蘇美爾的伊南娜之外，也等同於巴比倫的阿什塔特（Ashtarte）。[97] 而有猶太背景的兩位聖經學者約翰．柯萊恩及亞當．史必爾斯在他們的《原來如此》卷一中更進一步指出巴比倫的阿什塔特是等同於聖經裏的亞斯她錄（Astaroth）。[98] 換言之，聖經裡的亞斯她錄等同於洪水前的伊南娜。聖經對亞斯她錄的記載如下：

那時，他已經擊敗了住希實本的亞摩利王西宏和住亞斯她錄、以得來的巴珊王噩。（申命記一：4）

亞斯她錄原是地名，是巴珊王噩的領地，而巴珊王噩就是薩姆亞扎之孫。根據傳說，伊絲塔是薩姆亞扎下凡後所追求的人間女子，後來因得了神的名而升天成為昴宿星團的七顆星。[99] 由於薩姆亞扎是在洪水前下凡，所以伊絲塔升天的事件定必發生在洪水前，所以伊絲塔升天後化作的女神可能就是蘇美爾的伊南娜，後來的聖經才把她稱作亞斯她錄。聖經中的亞斯她錄地名可能就是用來紀念伊絲塔化作異教女神的地方：

因為他們離棄我，敬拜西頓人的女神亞斯她錄、摩押的神明基抹和亞捫人的神明米勒公，沒有像他父親大衛一樣遵從我的道，行我眼中看為正的事，守我的律例典章。（列王紀上十一：33）

我們定要照我們口中所說的一切話去做，向天后燒香，獻澆酒祭，按著我們與我們祖先、君王、

官長在猶大城鎮和耶路撒冷街市上素常所做的一樣；因為那時我們得以吃飽、享福樂，並未遇見災禍。（耶利米書四十四：17）

除了烏魯克外，遠在迦南地的西頓人也敬拜亞斯她錄，甚至以「天后」來形容她，可見其地位之崇高。簡而言之，當年下凡的守望者以自己的專長自封為神，讓人類對他們膜拜，即使在洪水後也是如此。蘇美爾人以他們所膜拜的主神之名在各地建立屬於自己的城邦，各自為政。這就解釋了歷史上的蘇美爾人社會為何會如此鬆散，從未建立一個統一的國家。

由於蘇美爾地區缺乏石頭，學者發現蘇美爾人懂得利用泥土燒成磚塊，並用瀝青作黏合劑，建造巨大的金字形塔廟（ziggurat）[100]，名字的意思為「建造在一塊高地上」。

金字形塔廟的主要結構是一個矩形、卵形或者正方形的金字塔結構平台，平台由多層構成，自下而上面積逐漸減小。曬制磚構成塔廟的內核，而烤制磚構成塔廟的表面結構。表面通常被不同顏色的釉所裝點，可能具有天文學的意義。每個城邦中央都有

圖 13. 位於烏爾的金字形塔廟

一座塔廟，每座塔廟被認為是當地主神的住所，只有祭司才准登上塔廟，或者進入塔的基座。祭司的職責就是好好侍奉好眾神。祭司是蘇美爾社會中非常有權力的階層。[101]

根據神話的記載，眾神為了報答馬爾杜克打敗提亞瑪特的壯舉，便在地上建造了一座敬拜馬爾杜克的神廟，稱為以薩基拉神廟（Esagila），這神廟現位於巴比倫遺址，在尼布甲尼撒二世統治期間竣工。每年人們會把馬爾杜克神像從薩基拉神廟請出來，送到巴比倫附近的另一座神廟阿基圖（Akitu）。馬爾杜克會在那裡停留幾天，接受信徒的崇拜，甚至國王也會來朝拜。拜祭過程包括祈禱、獻祭和潔身，還有一些具有魔幻色彩的儀式。慶典的高潮就是一場戲劇，人們重現一個神秘的故事，描述天神死亡、重生，並與女神撒爾帕尼突（Sarpanitum）結婚的過程[102]，反映出當地信眾對永生的渴望，也是人類對伊甸園生命樹的一種潛意識追求。

金字形塔廟有時也稱為艾特梅囊基（Etemenanki），意即「天與地的塔廟」。一般學者認為艾特梅囊基就是聖經裡的巴別塔。[103]原來聖經亦記載巴別塔也是以泥磚和瀝青所做的塔廟：

> 那時，全地只有一種語言，都說一樣的話。他們向東遷移的時候，在示拿地找到一片平原，就住在那裡。他們彼此商量說：「來，讓我們來做磚，把磚燒透了。」他們就拿磚當石頭，又拿柏油當泥漿。他們說：「來，讓我們建造一座城和一座塔，塔頂通天。我們要為自己立名，免得我們分散在全地面上。」（創世記十一：1～4）

上文所說的「他們」在示拿地建城，而示拿地正是寧錄盤據的範圍，所以文中的「他們」很可能就是指寧錄的一幫人。寧錄及其黨羽懂得做磚，又懂得用柏油當泥漿，而他們所起的城塔亦非常之宏偉巨大，塔頂通天，跟巴比倫的艾特梅囊基（連接天與地的塔廟）非常吻合。可見，寧錄一幫人已掌握高度發達的建築技術，而且還很可能得到亞衲人（巨人／阿努納奇）的幫助。不過最終因他們的驕傲而引來神的懲罰：

耶和華降臨，要看世人所建造的城和塔。耶和華說：「看哪，他們成了同一個民族，都有一樣的語言。這只是他們開始做的事，現在他們想要做的任何事，就沒有甚麼可攔阻他們了。來，我們下去，在那裡變亂他們的語言，使他們彼此語言不通。」於是耶和華使他們從那裡分散在全地面上；他們就停止建造那城了。因為耶和華在那裡變亂了全地的語言，把人從那裡分散在全地面上，所以那城名叫巴別。（創世記十一：5～9）

可見，人類（包括巨人）因巴別塔事件而被分散到全地，並從此擁有各自的語言。事實上，美國加州大學柏克萊分校的肯恩（Rebecca Cann）和威爾森（Allan Wilson）透過粒線體 DNA 的研究，發現人類所有族群都是同宗同源的，大家都是來自一個非洲女人的後代。[104] 大家可能會有疑問，怎會是非洲？不是說伊甸園在土耳其嗎？夏娃應在土耳其才是吧？首先，從來無證據顯示這個非洲女人是夏娃，縱使科學家們稱她為「粒線體夏娃」，其實只是科學家借用了聖經裡的名字罷了。不過，我相信這個非洲女人的確是夏娃的後代，而且是大洪水前夏娃的近親。

我前文說過古代的尼羅河就是聖經伊甸園中的基訓河，它在洪水前由土耳其的伊甸園經地中海東岸延伸至埃及，再由埃及一直延伸至非洲東南部的坦桑尼亞，而「粒線體夏娃」就是源於坦桑尼亞。故此我相信夏娃的後代在大洪水前就是沿著古代的尼羅河遷徙到坦桑尼亞，然後才被科學家所發現。至於為何在土耳其的伊甸園範圍還未找到比「粒線體夏娃」更早的DNA證據？相信跟一二八〇〇年前那次新仙女木期彗星撞擊有關，這個導致大洪水的彗星，在撞擊地球前已分裂成廿二塊碎片，其中一塊更是擊中土耳其與敘利亞交界，如此高速高溫的撞擊定必毀滅了所有當地的生物，甚至骸骨（包括DNA證據）。要知道「粒線體夏娃」只是暫時發現最早的DNA來源，當科學家將來發現其他更早的DNA來源時，科學理論將再次改寫。但現在至少「粒線體夏娃」告訴我們全人類是同宗同源的。

至於人類語言方面，劍橋大學訪問學者安德魯羅賓森（Andrew Robinson）在其著作《文字的秘密》指出蘇美爾文字影響了古埃及文字，古埃及文字影響了腓尼基文字，腓尼基文字影響了希臘文字及拉丁文字，而拉丁文字又影響了我們所用的英文。[105] 中國國學大師饒宗頤所著《符號、初文與字母——漢字樹》亦指出中國文字的前身半坡陶文跟安那托利亞的古代符號有相似之處[106]，而安那托利亞亦即前文所說的伊甸園範圍，位於蘇美爾地區的西北部。饒宗頤亦指出印度的婆羅謎文的其中十一個字母跟腓尼基文字在形構上也完全吻合。[107] 綜合安德魯羅賓森與饒宗頤兩位學者的研究，我們會發現古埃及文字、古印度文字及中國文字都曾直接或間接受蘇美爾文字影響。簡而言之，無論從粒線體人類學還是語言學方面的研究，它們都間接引證了巴別塔事件的真實性。

巴別塔事件導致寧錄一幫人被分散到全地，不過他們仍然掌握高超的建築技術，並把這種技術帶到世界各地，繼續在各自的地方興建一些宏偉的石造建築。在稍後的篇章裡，我們將會繼續探討埃及、印度、中國與蘇美爾文明的關係。

第三部：埃及文明

吉薩金字塔與星座的對應

挪亞一家出方舟後，挪亞與三個兒子間曾發生不愉快事件：

挪亞是農夫，是他開始栽葡萄園的。他喝了一些酒就醉了，在他的帳棚裡赤著身子。迦南的父親含看見他父親赤身，就到外面告訴他的兩個兄弟。於是閃和雅弗拿了外衣搭在二人肩上，倒退著進去，遮蓋父親的赤身；他們背著臉，看不見父親的赤身。挪亞酒醒以後，知道小兒子向他所做的事，就說：「迦南當受詛咒，必給他弟兄作奴僕的奴僕。」又說：「耶和華——閃的神是應當稱頌的！願迦南作閃的奴僕。願神使雅弗擴張，願他住在閃的帳棚裡；願迦南作他的奴僕。」（創世記十：20～27）

現今的社會裡，兒子若看見父親的裸體可能不算什麼，但在聖經時代卻是一項大罪，含因此而受挪亞的詛咒。經文提到這個詛咒甚至牽連到含的兒子：迦南。上文更提到耶和華是閃族的神，而亞伯拉罕就是閃的後代，所以上帝已指明他的選民是來自閃族的。「願迦南作閃的奴僕」也許就是預言以色列民族終有一日佔領迦南地。讀者應該還記得在大洪水前的世代，先是亞當夏娃與蛇（撒旦）勾結而吃下智慧果子，最終被神詛咒並逐出伊甸園；及後，該隱在殺了自己兄弟後受到上帝第二次詛咒，結果就是該隱後代與守望者勾結而生下拿非利人（巨人），上帝為了毀滅這班拿非利人，於是用洪水滅世。如今含受到挪亞的詛咒，含的後代也可能跟拿非利人的後代勾結。含其中一個兒子是古實，古實生了寧錄，而寧錄在上文已提到可能跟亞衲人（拿非利人的後代／

阿努納奇）有聯繫。含另一個兒子就是迦南，迦南生了長子西頓，西頓的領地就是黑門山（守望者降落地點）西南面的海岸。所以迦南家族的疆界是從西頓到基拉耳，直到迦薩（現今的加沙），而這些地區正是利泛音人（拿非利人的後代）的活動範圍：

在那日，耶和華與亞伯蘭立約，說：「我已賜給你的後裔這一片地，從埃及河直到大河，幼發拉底河，就是基尼人、基尼洗人、甲摩尼人、赫人、比利洗人、利泛音人、亞摩利人、迦南人、革迦撒人、耶布斯人的地。」（創世記十五：18～19）

當中的亞摩利人、迦南人、革迦撒人、耶布斯人全都是迦南的後代，再一次證明迦南後代與利泛音人是混居在同一地區，他們彼此勾結也絕非沒有可能。經文更清楚指出利泛音人（巨人）的活動範圍是從埃及河直到幼發拉底河，埃及河就是現今的尼羅河，尼羅河旁邊就是著名的三座吉薩金字塔：胡夫金字塔、卡夫拉金字塔及孟卡拉金字塔。當中最大而又最古老的就是胡夫金字塔，因在其下方發現貝殼而曾經被人認為它是在大洪水前所興建的。[108]不過傳統埃及學家認為它是興建於第四王朝法老胡夫的年代，約公元前二五五一年至二五二八年。[109]經文中的亞伯蘭即亞伯拉罕，他生於公元前約二一六六年[110]，即胡夫金字塔興建後的四百年。換言之，即是在亞伯拉罕年代仍然有利泛音人（巨人）活躍於埃及地，而這班利泛音人會否曾於四百年前參與過金字塔的興建？要尋找這個問題的答案，我們需要更多的證據。

胡夫金字塔是由重量平均達二點五公噸的巨型石塊所砌成，這些石灰岩巨石主要採集自金字塔南邊的礦石場。金字塔內部的墓室及走廊則用上花崗岩來修建，而這些花崗岩卻要從金字塔南邊九百三十五公里的亞斯文運來。當時動用的人力估計約為二萬至三萬人，歷時約廿三年才完成。最具爭議的就是金字塔的建築方法，目前最受學者所接受的就是坡道學說：先興建不同斜度的坡道，然後利用它們把巨石運送至不同高度及位置作接合，最後在金字塔完工後便把坡道拆除。根據現有的推測，石塊可能是由數萬名工人使用木橇、滑車和繩索等工具運送到建築現場的。這種運輸方式需要耗費大量人力和精心的組織。這種建築方法的難度會隨著金字塔的高度而增加，石塊的流動率必然因此減少，最頂部分的石塊就要隨機應變來擺放。[111] 公元前二千多年前，埃及人在沒有重型機械吊臂的幫助下，利用這種坡道興建金字塔似乎合情合理。可惜這學說最大致命傷就是到目前為止並沒有在金字塔附近發現任何坡道的殘骸或相關的有力證據。坡道學說最多只可算是合理的推測，但不代表是事實。

唯一無可否認的是，金字塔的建築技術的確相當精湛。我們會發現金字塔外表的石塊非常緊密地排列，連刀刃都無法插進，可見每塊巨石都切割得非常精準。金字塔四面都各自對準東南西北四個方向，誤差只有三分（二十分之一度）。[112] 金字塔剛好位於北緯三十度，即是赤道往北極三分之一的位置。若沿著金字塔緯度繞地球走一圈會經過最多的陸地，沿它的經度走一圈也是經過最多的陸地。換言之，吉薩金字塔是地球陸地的中心，可見當年的建築師對金字塔的選址是經過精挑細選的，顯示了這班建築師掌握了高度的地理測量技術。金字塔的神秘不止於此，還有更多。胡夫金字塔的高度乘以四三二〇〇會得出地球的半徑，把它的基座周長（四邊長度之和）乘以四三二〇〇會得出地球赤道的圓周，誤差非常小。[113]所以胡夫金字塔是對地球一比四三二〇〇的等比測量，暗示建築師在興建金字塔之前就已得知地球的大小。建築師除了把四三二〇〇隱藏在金字塔的結構裡，究竟還有沒有其他秘密？

法蘭克福大學的戴衡德博士和麻省理工學院科學史教授桑提拉納在一九六九年出版了《哈姆雷特的磨坊》，書中指出公元前六千年已有一套天文科學知識存在於世上，這套天文知識來自於一個古文明，此古文明首次根據數量、測量、重量來理解這個世界。即使在這古文明消失後，仍然對後來的埃及、印度、希臘、墨西哥等的歷史文明產生深厚的影響。他們認為此消失的古文明的存在證據可從歲差運動找到。[114]所謂「歲差」，就是指地球自轉軸因太陽和月球的潮汐力的影響而漸漸動進，它搖擺的頂部以大約二萬五千九百二十年的週期掃畫出一個圓圈。[115]

這個歲差運動會使春分點（三月二十一日春分時太陽在星空上的位置）在黃道帶上移動，移動一度需時七十二年，三十度則需時二一六〇年，而三十度相當於一個黃道星宮。換言之，春分點由一個星宮轉換至下一個星宮

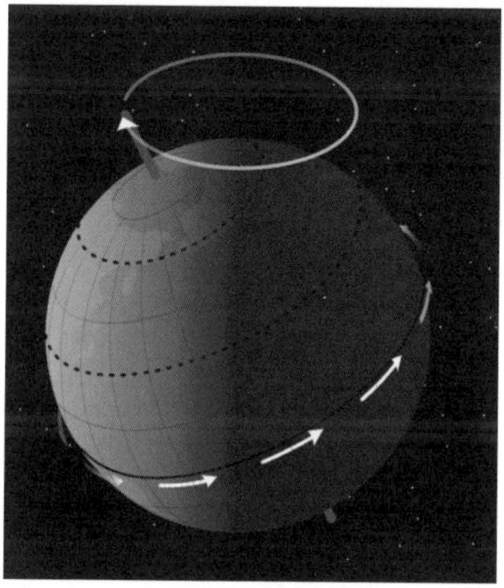

圖 14. 地球自轉軸的歲差運動

需時二一六〇年，轉換兩個星宮需時四三二〇年，走完一趟十二星宮（移動三百六十度）則耗時二五九二〇年。這裡出現了四三二〇這個數字，把它乘以十倍就會等於金字塔的神秘數字四三二〇〇。亦即是說，金字塔的結構隱藏了歲差運動的數字密碼。歲差密碼還可包括七十二、三十六（七十二的一半）、一〇八（三十六加七十二）、五十四（一〇八的一半）、二一六〇、二一六（二一六〇的十分之一）、四三二〇（二一六〇的兩倍）、四三二〇〇（二一六〇的二十倍）等等。戴衡德博士和桑提拉納教授指出這些歲差密碼經常出現在世界各地的古老神話和神聖建築當中，可見這個已消失的古文明除了掌握地理測量技術外，還擁有先進的天文知識。而吉薩金字塔就是這種地理測量與天文知識融合後的結晶。

戴衡德博士和桑提拉納教授所指的「已消失的古文明」，會否就是我們一直探討由守望者所發展的史前文明（或我所說的洪水前的蘇美爾文明）？如果讀者還記得的話，守望者是一班精通天文及地理知識的墮天使：

> 巴爾卡亞爾（Barkayal）教導如何觀看星辰；亞基比爾（Akibeel）教導神蹟；塔米爾（Tamiel）教導天文學；以及亞薩拉達爾（Asaradel）教導月亮的變化移動。（以諾一書八：3）

雖然大洪水已距今一萬二千八百年前（公元前一〇八〇〇年），而吉薩金字塔只有四千五百年（公元前二五〇〇年）左右的歷史，守望者未必是金字塔的直接建造者，但他們精湛的天文地理知識可能透過藏在西柏爾的石板流傳給他們的後代：利泛音人或亞衲人。另一途徑也可能是透過憑著抓緊方舟而逃過洪水一劫的巴珊王噩而把有關知識流傳下來，而巴珊王噩正是守望者領袖薩姆亞扎的孫兒，也是利泛音人的王。再加上《創世記》第十五章所記載，當耶和華跟亞伯拉罕立約的時候（約公元前二〇九一年），還說到埃及河（尼羅河）至幼發拉底河之間的地區仍屬利泛音人之地。可見在亞伯拉罕進入迦南地或埃及以前，利泛音人已在當地盤踞，甚至可能有份參與吉薩金字塔的興建，正如當年亞衲人協助寧錄興建巴別塔一樣。如果利泛音人真的有份參與金字塔的興建，事情就變得簡單得多了，因為利泛音人個個身材高大：

> **巴珊王噩是利泛音人所餘剩僅存的。他的床是鐵的，長九肘，寬四肘，都是以人肘為度。**
>
> （申命記三：11）

舊約中一肘相當於四十四公分[116]，九肘相當於三百九十六公分，即是利泛音人有接近四米高的身材。就以高度為一點八米的正常人類計算，利泛音人的高度是正常人的二點二倍，體積是正常人的十點六倍（二點二的立方）。以這樣的體格來搬動金字塔的巨石也就沒有想像中這樣困難，甚至不需要任何坡道也能完成建設，這可能就是為何考古學家沒有在金字塔附近發現任何坡道遺跡的原因。以上只是針對金字塔的外圍結構及佈局作探討，金字塔內部還有更多結構，隱藏了更多的秘密。

胡夫金字塔的內部包含多個走廊、通道和著名的國王墓室。這些內部結構的建造方式仍然存在一些爭議。一些研究者認為，內部結構可能是在金字塔外部結構建造的同時進行的，而另一些研究者則認為它們是在金字塔建造完成後加入的。一九九三年，比利時土木工程師羅伯布法爾發現吉薩金字塔與星空有密不可分的關係。他以埃及建築師拜德威和美國天文學家特林波的研究為基礎，針對胡夫金字塔內部的四個狹窄通氣孔作研究，發現它們分別對準四顆星星，兩個正對北方，另外兩個正對南方。北方的兩個氣孔所瞄準的是小熊座的次小熊星（Beta Ursa Minor）和天龍座的首龍星（Alpha Draconis）；南方氣孔瞄準的是天狼星和獵戶座的尼他克星（Al Nitak）。而這種氣孔對準星體的現象發生在公元前二五〇〇年[117]，跟考古學所認為吉薩金字塔的興建年代吻合。究竟這些氣孔所對準的星體對埃及人來說有何意義？《金字塔經文》為我們解開謎題：[118]

你的妹妹伊西斯來了，你歡喜，你愛。你將她放在你的上面，進入了她。伊西斯因有孩子而變大如 Sopdet 一樣。Hor-Sopdu 出自於你，以荷魯斯之姿由 Sopdet 生下來。《金字塔經文》

Sopdet 是古代的星座，即現代的天狼星。原來天狼星是埃及女神伊西斯（Isis）的代表，她被認為是生育、愛情、保護、智慧和魔法的女神，也是荷魯斯神的母親。伊西斯被描繪成一位美麗的女神，頭上戴著牛角和太陽盤。她的象徵物包括蓮花、鳩鳥和母乳，這些象徵著她的女性特質和生育力量。她也經常被描繪成展開翅膀保護和庇護人類的形象。伊西斯被視為等同於迦南女神伊斯塔蒂，即《聖經》裡的異教女神亞斯她錄，因此她亦被稱為天后[119]。伊西斯的丈夫是埃及冥神歐西里斯（Osiris），他的名字源於古埃及語中的"Ausir"，意為"座落在座位上的"。他是天空和地下世界的主神，也是生育、復活和審判的神祇。《金字塔經文》如此形容歐西里斯：[120]

歐西里斯名字為Sah，腿很長，走路的步伐很寬，為南面土地之主。《金字塔經文》

Sah是古埃及的星座，即現代的獵戶座。原來獵戶座就是歐西里斯的代表，埃及南面星空可見到獵戶座，所以他是「南面土地之主」也很合理。不過這裡形容歐西里斯的「腿很長，走路的步伐很寬」，他身材似乎相當高大。圖騰裡的歐西里斯通常戴著白色的法老冠或白色的植物冠。他經常被描繪成綠色或黑色的皮膚，這象徵著他作為冥界之神的特性。他的象徵物包括王權的象徵物，如權杖和神杖，以及復活和審判的象徵物，如圖騰眼和錨。歐西里斯的巨大身材顯示他不是普通人，而是一個神，一個來自蘇美爾的水神——也就是我們熟悉的恩基。理由有以下四點：

1. 歐西里斯是冥神，恩基是阿勃祖（Abzu）之神，而阿勃祖就是冥界之屋。[121]
2. 歐西里斯居於水上[122]，恩基的名字意思是水的房子。
3. 歐西里斯周遊列國教人文明知識[123]，恩基也是蘇美爾的智慧之神。
4. 歐西里斯居所的牆壁是用蛇造成的[124]，恩基則可對應聖經伊甸園裡的那條蛇。[125]

所以我相信恩基的事跡曾傳到埃及並改名為歐西里斯，他在埃及創作了埃及神話，以新姿態在埃及人面前展現。我們在前文探討過恩基其實就是守望者的領袖薩姆亞扎，因此歐西里斯跟薩姆亞扎也有以下的共通點：

1. 歐西里斯居所的牆壁是用蛇造成的，薩姆亞扎本身就是飛蛇的形象。
2. 歐西里斯教人農業[126]，薩姆亞扎也教該隱家族農業知識。
3. 歐西里斯的代表星座是獵戶座，薩姆亞扎也是獵戶座。
4. 歐西里斯的配偶是伊西斯（或亞斯她錄），薩姆亞扎所追求的是伊絲塔（也是亞斯她錄）。

事實上，埃及人稱呼神的名稱為「尼特」（Neter），其意思可解作「守望者」[127]，再一次證明歐西里斯就是守望者薩姆亞扎在埃及的化身，伊西斯亦是亞斯她錄在埃及的化身。這裡所謂的「化身」不代表薩姆亞扎或亞斯她錄真的到訪過埃及，只代表他們的名聲由蘇美爾流傳至埃及，是一種宗教轉移。

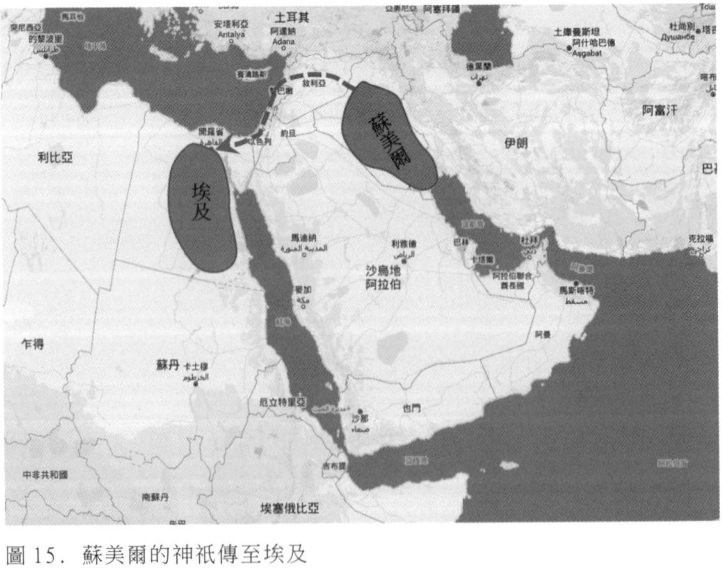

圖 15. 蘇美爾的神祇傳至埃及

金字塔的南方氣孔對準天狼星及獵戶座，就是分別用來記念伊西斯及歐西里斯，亦即亞斯她錄及薩姆亞扎。至於北方氣孔對準天龍座的首龍星又有何意義？我認為很可能是用來紀念守望者另一位領袖亞撒爾。讓我們先參考《聖經》如何看待天上的龍：

天上又出現了另一個兆頭：有一條大紅龍……大龍就是那古蛇，名叫魔鬼，又叫撒但，是迷惑普天下的。（啟示錄12：3，9）

這裡說到天上有一個「兆頭」，英譯為「sign」，是一種記號，一種符號。因此天上的符號很可能就是指星座，而大紅龍就是天龍座，它就是伊甸園裡的蛇或魔鬼撒旦的代表。根據次經《亞伯拉罕啟示錄》的記載，亞伯拉罕曾在異像看見一隻在伊甸園裡慫恿阿當夏娃吃下果實的生物，此生物的外形像龍，擁有人類的手腳，左右兩側各長出六隻翅膀。按照天使解釋，此生物就是執行不潔之事的亞撒爾。[128] 換言之，亞撒爾也是伊甸園裡的蛇，是撒旦的化身，故此他的代表星座就是天龍座。亞撒爾這個名字大家應該不會陌生，因為他曾經在《聖經》舊約出現過：

亞倫要把他自己贖罪祭的公牛獻上，為自己和家人贖罪；也要把兩隻公山羊牽到耶和華面前，安置在會幕的門口。亞倫要為那兩隻山羊抽籤，一籤歸給耶和華，一籤歸給阿撒瀉勒。亞倫要把那抽中歸給耶和華的山羊牽來獻為贖罪祭，至於抽中歸給阿撒瀉勒的山羊，卻要活著安放在耶和華面前，用以贖罪，然後送到曠野去，歸給阿撒瀉勒。（申命記十六：6～10）

當中的「阿撒瀉勒」就是亞撒爾，這裡指出在贖罪日的贖罪祭裡，除了獻一隻山羊給耶和華，還要獻一隻給曠野的亞撒爾，可見其地位的顯赫。但為何亞撒爾又會在曠野出現？根據《以諾一書》所說，當亞撒爾下凡犯姦淫罪後，上帝利用洪水毀滅拿非利人之餘，也派遣了拉斐爾等大天使去捉拿包括亞撒爾在內的守望者領袖。拉斐爾蒙著亞撒爾的臉，使他眼前漆黑一片，然後還要綁住他的手腳並將他丟入荒野的洞中，最後用凹凸不平的岩石壓住他，使他永遠困在地底。[129]

至於另一個北方氣孔對準的小熊座，我會留待有關柬埔寨吳哥窟的篇章裡再作討論。這樣並不代表我們對胡夫金字塔氣孔的探討就此作結，原來早在十九世紀已有天文學家發現金字塔氣孔對準星體的現象，而這位天文學家就是蘇格蘭皇家天文學家皮扎尼史密斯。他發現那個對準天龍座的氣孔的內部存有兩個長四英尺的刻線，刻線垂直於氣孔並對準星空。經史密斯研究後，他發現這個刻線是對準公元前二一四四年九月二十二日（秋分）的昴宿星團的昴宿六。[130] 至於昴宿星團又代表什麼呢？我認為有以下兩個可能性：

1. 根據猶太傳說，薩姆亞扎曾追求伊絲塔，但伊絲塔要求他說出神的真名才答應他。當薩姆亞扎說出神的名字後，伊絲塔便頌讀神的名而升上天空變成昴宿星團的七顆星。[131] 當然我認為這個只是神話化的記載，但它至少說出伊絲塔的代表星座是昴宿星團。而伊絲塔又等同亞斯她錄，所以氣孔對準昴宿星團就是用來記念亞斯她錄。
2. 古天文研究者發現昴宿星團中的昴宿六，其英文名是 Alcyone，等同阿卡德語的 dimmena，意為「基石」。換言之，公元前二一四四年九月二十二日好可能就是大金字塔的奠基日子。[132]

另外，文化研究者喬納森格雷認為這個氣孔對準星體的現象有更深層次的意義。他認為氣孔對準天龍座的首龍星，星光經氣孔射入墓室，就如同《聖經》所說撒旦（路西法）從天上墮落：

明亮之星，早晨之子啊，你竟然從天墜落！你這攻敗列國的，竟然被砍倒在地上！你心裡曾說：『我要升到天上，我要高舉我的寶座在神的眾星之上，我要坐在會眾聚集的山上，在極北的地方。我要升到高雲之上，我要與至高者同等。』（以賽亞書14：12－14）

雖然此段經文表面是要嘲諷巴比倫王，但根據聖經學者約翰．柯萊恩及亞當．史必爾斯的研究，希伯來釋經學認為大多數的聖經文本包含四個層次：字面、暗示、比較及隱藏。[133]關於以賽亞書十四章的隱藏內容，美國聖經專家大衛．耶利米（David Jeremiah）在其著作《聖經天使學》中認為此段經反映了撒旦的反叛特質[134]，有關內容亦可對應《啟示錄》形容墮落天使的經文：

天上又出現了另一個兆頭：有一條大紅龍，有七個頭十個角；七個頭上戴著七個冠冕。牠的尾巴拖拉著天上星辰的三分之一，把它們摔在地上。……大龍就是那古蛇，名叫魔鬼，又叫撒但，是迷惑普天下的。（啟示錄十二：3、9）

因此以賽亞書十四章的路西法就是魔鬼的化身，他與天龍座對應，並坐於極北的地方。巧合的是，天龍座首龍星剛好是位於金字塔的北面。另外，他認為刻線對準昴宿星團是含有正面的意義，因為昴宿星團在古代傳統中代表好的影響和幸福，正如《聖經》所說：

你能為昴星繫結嗎？（Can you bind the beautiful Pleiades？）（約伯記38：31）

昴星就是昴宿星團，但似乎英文版更為傳神，它用上beautiful來形容昴宿星團，是正面的意義。所以當氣孔對準天龍座的首龍星（Thuban，天龍座α，也稱為右樞或紫微右垣一），而刻線則對準昴宿星團的昴宿六，可視為一種正邪對決的星空呈現，而對決時間就是公元前二一四四年九月二十二日。[135] 喬納森格雷的說法看似誇張，但我認為未嘗沒有道理。根據古文明研究者撒迦利亞·西琴的計算，亞伯拉罕的出生年份不是公元前二一六六年，而是公元前二一二三年。[136] 如果公元前二一四四年九月二十二日真的是大金字塔的奠基日子的話，前文已說過興建金字塔約需時二十三年，即大金字塔於公元前二一二一年完工，但若有利泛音人（巨人）的幫助，完成時間會更快，可能就是在公元前二一二三年完工。亞伯拉罕是以色列人的祖先，上帝的選民從他而出，他代表正的一方；而大金字塔正如前文所說是用來紀念守望者的領袖，它代表邪的一方。所以如果亞伯拉罕出世那年就是金字塔完工的年份的話，這種正邪對決的意義就很明顯了。

除了金字塔內部的氣孔外，金字塔本身的地理佈局也隱藏不少信息。羅伯布法爾發現從吉薩的南面天空可以看到獵戶座的三顆星，但這三星的排列並非在一直線上。

如果我們以下方的兩顆星：尼他克星（Al Nitak）和尼蘭星（Al Nilam）為準拉一條直線的話，就會發現第三顆星明他卡星（Mintaka）勢必落在這條線的左邊，也就是偏東的位置上。而吉薩的三座金字塔在地面上的地理位置恰好與這三顆星的排列方式完全吻合。如果我們從空中往下看，會發現胡夫金字塔正好與尼他克星對應，卡夫拉金字塔與尼蘭星對應，而孟卡拉金字塔稍微偏東，並對應著明他卡星，從而在地面上構成一幅完整的獵戶座星圖。[137] 除了位置呼應外，連三顆星的不同光度亦以金字塔的大小來表示，最光亮的尼他克星對應最大的胡夫金字塔。

這三星的排列一般稱為獵戶座腰帶，它們位於銀河西側；而地面上的三座金字塔位於尼羅河西岸。換言之，除了金字塔對應獵戶座腰帶，就連地面上的尼

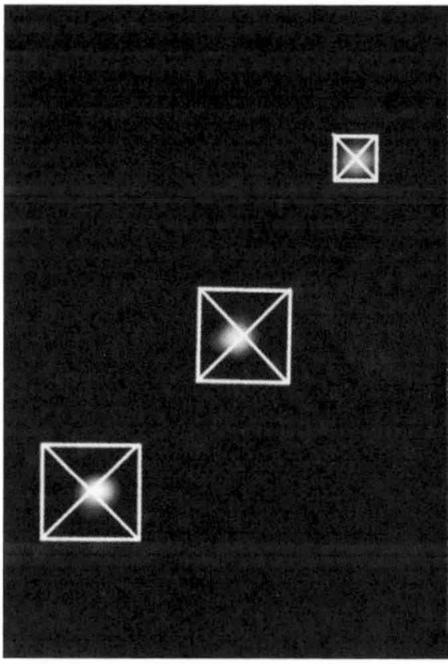

圖 17. 吉薩金字塔（方形）與獵戶座三星（三白點）之對應

圖 16. 獵戶座腰帶上的三星

羅河也對應天上的銀河。尼羅河與銀河在地平線對接只會發生在一段時間裡，而這個天地對接的時間就是公元前一〇五〇〇年，跟前文所提及的公元前一〇八〇〇年新仙女木期彗星撞擊導致大洪水的年代相當接近。但基於彗星撞擊的年份鑑定會有數百年的誤差，因此有理由相信吉薩金字塔與獵戶座的對齊年份及新仙女木期彗星撞擊的年份是一致的，大家都是指向公元前一〇五〇〇年的大洪水時期，同時也是守望者被捉拿及拿非利人被剿滅的時間。這再次證明吉薩三座金字塔模仿獵戶座三星的佈局就是要紀念利泛音人的祖先——守望者首領薩姆亞扎（或歐西里斯）。此外，金字塔也是用來當作引導法老的靈魂前往天國的階梯，是獲得永生的導航指標[138]，可見守望者的後人對永生的渴求。

獅身人面像所隱藏的秘密

談到埃及文明，不得不談獅身人面像。獅身人面像在古埃及文化中具有重要的象徵意義。獅子被認為是力量、權威和守護的象徵，而人類的臉部則代表智慧和神性。這種結合形式可能旨在表達一種神聖和超自然的存在，具有神秘和威嚴的特質。關於獅身人面像的建造時間及建造者，一般認為這座雕像是於公元前二千五百年由卡夫拉法老所建造的。但負責發掘獅身人面像的埃及考古學家薩利姆哈桑（Selim Hassan）於一九四九年曾說：「總而言之，豎立這座雕像的功勞應該屬於卡夫拉法老。但是有一點值得注意，目前為止我們還沒有發現任何能夠同時代的銘文能夠把獅身人面像和卡夫拉法老聯繫起來。所以我們只能從證據裡間接推斷，直到有一天我們發現了獅身人面像建造者的決定性的證據。」[139]開羅博物館館長嘉斯頓馬斯比羅（Gaston Maspero）早於一八八六年已指出：「獅身人面像的碑文的第十三行有卡夫拉法老的圖廓花邊。我認為這證明了那位法老對於這座雕像的發掘，而且這幾乎是決定性的證據證明了在卡夫拉和他的前任法老的時代，這座雕像一早已經被埋在黃沙之下了。」[140]一九〇四年，英國的古埃及學家瓦利斯布奇（E.A. Wallis Budge）在他的著作《埃及眾神》中亦寫道：「這個了不起的石像，在卡夫拉法老時代就已經存在了，而且遠比卡夫拉法老所統治的時間更早，可以追溯到埃及早王朝末期。」[141]簡而言之，卡夫拉法並非獅身人面像的建造者，甚至關於其建造時間及目的，對我們來說仍然是個謎。那我們還有其他線索嗎？

在討論蘇美爾文明的時候，我認為蘇美爾的太陽神沙瑪什其實是守望者當中教人類太陽知識的薩摩西爾的化身。根據卡巴拉文獻《光輝之書》的傳說，薩摩西爾原是鎮守伊甸園的基路伯[142]，不過後來卻跟隨守望者首領薩姆亞扎一起墮落。其實《以西結書》也可引證這則傳說：

> 你在伊甸——神的園中，佩戴各樣寶石，就是紅寶石、紅碧璽、金剛石、水蒼玉、紅瑪瑙、碧玉、藍寶石、綠寶石、紅玉；你的寶石有黃金的底座，手工精巧，都是在你受造之日預備的。我指定你為受膏的基路伯，看守保護；你在神的聖山上；往來在如火的寶石中。你從受造之日起行為正直，直到後來查出你的不義。你因貿易發達，暴力充斥其中，以致犯罪，所以我污辱你，使你離開神的山。守護者基路伯啊，我已將你從如火的寶石中殲滅。（以西結書二十八：13～16）

從經文可見，原本鎮守伊甸園的基路伯最後的確墮落了。根據《創世記》的記載，我們可以從中看見伊甸園的基路伯的一些特徵：

耶和華神把那人趕出去，就在伊甸園東邊安設基路伯和發出火焰轉動的劍，把守生命樹的道路。（創世記三：24）

似乎基路伯手上持有轉動的火焰劍，這個形象跟蘇美爾太陽神沙瑪什非常相似。根據來自公元前二三〇〇年的西柏爾泥板，可以見到沙瑪什的肩膀散發出光芒，並拿著一把鋸刀（或劍），他在黎明時穿過東部的山脈。

除此之外，基路伯有更多的特徵：

要造兩個用金子錘出的基路伯，從櫃蓋的兩端錘出它們。這端錘出一個基路伯，那端錘出一個基路伯；從櫃蓋的兩端錘出兩個基路伯。二基路伯的翅膀要向上張開，用翅膀遮住櫃蓋，臉要彼此相對；基路伯的臉要朝向櫃蓋。（出埃及記二十五：18～20）

圖 18. 沙瑪什（左二）

這裡所說的就是位於約櫃頂上的基路伯，他們有一張臉和一對翅膀。一些學者認為埃及神話中的斯芬克斯（Sphinx）則反映了基路伯作為坐騎或者獸性一面的形象，特別是在指墮落基路伯的時候。[143]換言之，作為墮落基路伯的薩摩西爾，其形象可視為等同於斯芬克斯，而斯芬克斯的外形就是獅身人面。同樣，蘇美爾太陽神沙瑪什（薩摩西爾化身）在一些宗教符號中也被描繪成一頭獅子。[144]我因此認為埃及的獅身人面像就是用來紀念薩摩西爾，是太陽崇拜的一種象徵。事實上，學者也認為獅身人面像是早王朝時期（公元前三一五〇年至前二六八六年）的太陽崇拜中心。[145]

如此推論，薩摩西爾在埃及文明中化身為太陽神拉（Ra）。拉的外形是鷹頭人身，頭上頂著一個日輪（蘇美爾太陽神沙瑪什也有日輪），日輪外圍纏繞著一條眼鏡蛇。他左手拿著代表王權的安卡十字架，右手拿著權杖[146]，可見其在埃及人眼中的崇高地位。

太陽神拉在神話中經常跟其他埃及神明結合，其中一個就是歐西里斯的兒子荷魯斯（Horus）。荷魯斯的名字在古埃及語中意為「那位遠見者」或「那位遠見的神」。他被認為是天空神賽特和女神伊西斯的兒子，同時也是他們的繼任者。荷魯斯的形象經常被描繪成一隻鷹頭人身的神祇，他的頭部代表著天空和力量，而身體

圖 20. 戰神荷魯斯

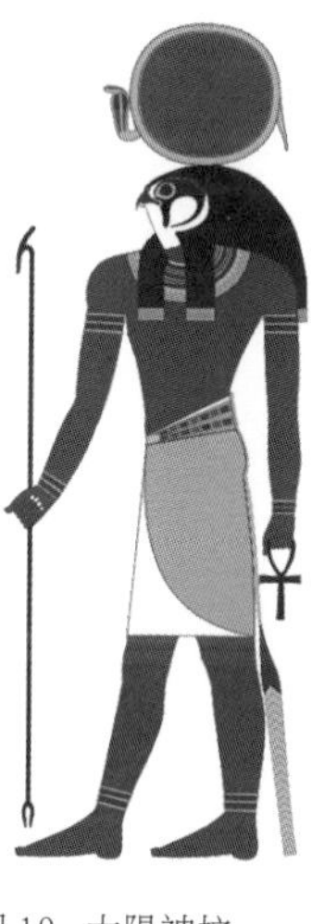

圖 19. 太陽神拉

則是人類的形狀。荷魯斯被認為是法老的守護神，擁有保護、權威和治理的能力。法老被視為荷魯斯的化身，他們的權力和合法性來自於與荷魯斯的聯繫。法老通常會在加冕儀式中扮演荷魯斯的角色，並以荷魯斯的名義統治埃及。荷魯斯被描繪成一隻鷹頭人身的神祇，他的頭上戴著雙重冠，象徵著上埃及和下埃及的統一。他的眼睛被稱為「荷魯斯之眼」，代表著保護和神聖的力量。荷魯斯也經常被描繪成戴著鷹頭的獅子，這種形象結合了他和他的母親伊西斯的特徵。荷魯斯與拉結合變為拉荷魯阿克提（Ra-Heru-akhety），名字意思是「雙地平線之荷魯斯」，合體後的拉荷魯阿克提是日頭的太陽神[147]，擁有獅身人面的外形，因此獅身人面像同時也是荷魯斯的象徵。荷魯斯和拉還有一個共同特徵，就是兩者都是鷹頭人身，這又令我聯想起蘇美爾文明中的七聖賢。荷魯斯頭上戴著代表埃及王權的雙重皇冠，他深受埃及人崇拜。荷魯斯在神話中與賽特（歐西里斯胞弟）之間發生了一場持續了長達八十年的戰鬥[148]，最終獲得勝利並奪得王座，因此他可視為埃及的戰神。[149]既然荷魯斯是埃及的戰神，他便可對應蘇美爾戰神馬爾杜克，或是教人類製作兵器的守望者領袖亞撒爾。我發現荷魯斯與亞撒爾之間的確有不少相似之處：

1. 荷魯斯在孩提時代被稱為Har-pa-khered，在羅馬帝國時期的Har-pa-Khered的坐騎為一頭公羊[150]；前文我們提及過在贖罪日時，猶太人要獻一隻山羊給荒漠中的亞撒爾。
2. 荷魯斯的右眼為太陽，左眼為月亮，當新月出現時，他就成了一個瞎子，稱作Mekhenty-er-irty（意思是「無目者」）[151]；亞撒爾被天使拉斐爾捉拿的時候是被蒙著頭，眼前漆黑一片。[152]
3. 荷魯斯經常以鷹的姿態現身；根據偽經《亞伯拉罕啟示錄》的記載，亞撒爾曾以不潔之鳥的形態出現。

可見荷魯斯的確是亞撒爾在埃及的化身，而荷魯斯又可跟拉結合變為擁有獅身人面的外形的拉荷魯阿克提，所以我認為獅身人面像是同時對薩摩西爾和亞撒爾的一種共同崇拜象徵。一般學者認為獅身人面像的年代跟吉薩金字塔相約，都是公元前二五〇〇年左右的產物。不過亦有例外。數學家史瓦勤・魯比茲在埃及經過十五年的研究後，他在其著作《神聖科學》中寫到：[153]

在大洪水之前，埃及必定已存在一個偉大的文明。吉薩西面的獅身人面像當時必定已經存在。因為獅身人面像的獅身部分，除了頭以外，很明顯地有被水侵蝕的痕跡。

這裡所說的大洪水就是指公元前一〇五〇〇年的挪亞大洪水，只有那時埃及才有充足的水分來對獅身人面像造成侵蝕痕跡。而史瓦勤・魯比茲所提及的「一個偉大的文明」很可能就是來自洪水前的守望者或拿非利人。事實上，位於上埃及的埃德富荷魯斯神廟，廟中明確地刻著建造者是「印何闐，偉人，卜塔之子」。[154]印何闐在歷史上是埃及古王朝時期第三王朝第二位法老王左塞的大臣，他是埃及第一座金字塔（階梯金字塔）的設計師。相傳印何闐的建築師父親叫卡諾費（Kanofer），母親叫克蕾朵赫（Khreduonkh）[155]，似乎印何闐是個真實人物，跟埃及的工匠神卜塔（Ptah）沒甚關係。不過要留意的是，我前文已分析過埃及金字塔的興建過程很可能得到利泛音人（拿非利人之後或巨人）的參與，而印何闐既然是階梯金字塔的設計師，那他跟拿非利人就可能有關。印何闐的父親卡諾費是當時的建築師，不能排除其建築技術是承傳自那班活躍於埃及的利泛音人，而利泛音人當中的亞衲族正是擁有高超建築知識的巨人，甚至不能排除卡諾費帶有利泛音人的血統。其實埃德富荷魯斯神廟以「偉人」形容印何闐，並不是指「偉大的人」這麼簡單，而是另有所指：

> 那時候有偉人在地上，後來神的兒子們和人的女子們交合生子；那就是上古英武有名的人。（創世記六：4）（新標點和合本）

> 那時候有巨人在地上，後來也有；神的兒子們和人的女子們交合，生了孩子。那些人就是古代的勇士，有名的人物。（創世記六：4）（和合本修訂版）

以上是不同版本聖經對同一段經文的詮釋，原來聖經中的「偉人」是等同於「巨人」。而這些巨人就是我們一直所說的守望者與人類女子所生下的拿非利人或利泛音人。由此推論，印何闐及其父親卡諾費很可能同屬利泛音人。事實上，關於印何闐的身世有另一神話版本：其父親為卜塔，母親為克蕾朵安赫（Khredu-ankh）。[156]卜塔是埃及的鐵匠神，是手工業和藝術的守護神，他可視為亞撒爾在埃及的另一化身，因為亞撒爾正是教人類製造金屬兵器的守望者。克蕾朵安赫則是埃及羊神賓折達（Banebdjedet）的女兒[157]，但根據我前文分析，所謂的埃及神都是守望者的化身，所以克蕾朵安赫亦屬利泛音人。有趣的是，克蕾朵安赫的名字「Khredu-ankh」跟印何闐歷史上的母親克蕾朵赫的名字「Khreduonkh」是如此的接近，所以我認為兩者根本是同一人，印何闐歷史上的母親就是利泛音人。所以無論從父系還是母系的血統來說，印何闐都擁有利泛音人的基因，他負責打造埃德富荷魯斯神廟也相當合理，因為荷魯斯正是亞撒爾的化身，他是利泛音人的祖先。

不過我們現今看到的埃德富荷魯斯神廟是興建於公元前二三七年，跟印何闐的年代（公元前二千六百年）相差了二千多年，似乎印何闐不可能是埃德富神廟的建築師。不過有文獻顯示在現今埃德富神廟的位置上，曾有一座更遠古而同時也是敬奉荷魯斯的神廟。[158] 換言之，神廟中所刻的建造者「印何闐，偉人，卜塔之子」並非指現今的埃德富神廟，而是指向更遠古的那座埃德富神廟。[159] 事實上，就連利物浦大學瑞門（Eve Reymond）博士也曾說道：「在埃及建立王朝前的遠古年代確實存在過一座神廟……根據埃德富神廟及其他神殿的傳統，這座遠古的神廟顯然是天神親手建造，開天闢地也在其中完成。」[160]

埃德富荷魯斯神廟的石牆上刻有無數的象形文字，其內容統稱為《埃德富建築文本》，當中的內容大致如下：[161]

> 遠古的神明是住在一座長有蘆葦草、在黑暗裡位於原始水中的島嶼，但因一次大洪水而把神明居所淹沒。後來一群名為七位賢者的神明落腳於埃及，並在埃及沿岸建立聖塚，為後世興建的神殿測定方

位，目的是要重現已毀壞的昔日神界。

當中的「七位賢者」很可能就是來自蘇美爾的七聖賢，因為他們跟很多埃及神明一樣都是擁有鷹頭人身的外形，而且「蘇美爾」本身亦可解作「蘆葦生長茂密之地」。[162]這「七位賢者」也叫作「賢蘇荷」，意為「追隨太陽神之路的人」[163]，《埃德富建築文本》更明確指出七位聖賢是要到埃及為後世的神殿測定方位，而這些神殿就是包括吉薩金字塔和獅生人面像，這就不難理解為何吉薩金字塔會模仿獵戶座三星，而獅生人面像會是太陽神的象徵。至於獅身人面像，它也有類似的天地對應佈局。古文明研究者葛瑞姆．漢卡克（Graham Hancock）在其著作《創世記的守衛者》提出一個發現，就是坐西向東的獅身人面像原來是對準公元前一〇五〇〇年的春分日出時的獅子座，跟吉薩金字塔對準獵戶座三星的時間吻合。[164]

巧合的是，獅身人面像，即埃及神話中的神獸斯芬克斯，其英文名字「Sphinx」是源於希臘文的「Sphiggo」，意思是「緊緊相連」。而獅子座其中一顆星的名字為「Sarcarn」，其意思是

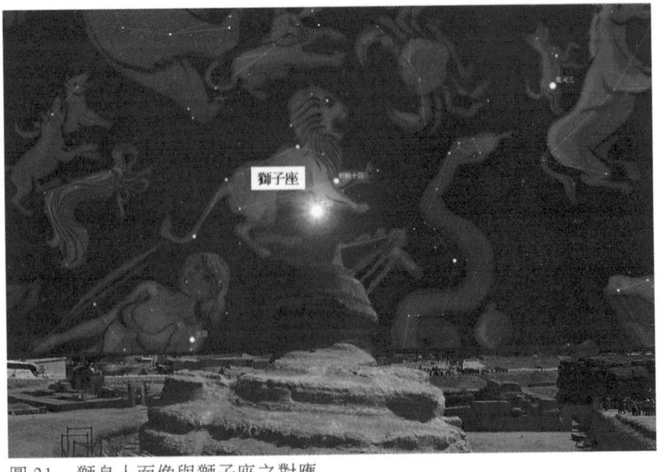

圖 21. 獅身人面像與獅子座之對應

「連接」。[165]所以在希臘人眼中，獅身人面像也是可對應天空中的獅子座，彼此互為相連的。當然「Sphinx」是由希臘人安上去的，獅子座裡的星名系統亦是由希臘人建立的，似乎跟當初埃及人興建獅身人面像的目的扯不上關係。但要留意的是，希臘文明的出現是晚於埃及文明的，我們不能排除希臘文明曾受埃及文明的影響。正如劍橋大學訪問學者安德魯羅賓森在其著作《文字的秘密》指出古埃及文字間接影響了希臘文字的發展。[166]既然古埃及文字與希臘文字有關，我們就不能排除希臘文的「Sphiggo」的概念是由古埃及文化所演化過來的可能性。因為「Sphiggo」這希臘字很可能源於形容獅群中的大獅子絞殺幼獅的過程[167]，而在古埃及時期曾有獅子出沒，甚至有獵殺獅子的記錄[168]。

另一方面，希臘的星座系統並非自創，而是由巴比倫傳入，而巴比倫星座卻承傳自蘇美爾文明[169]，而蘇美爾文明卻又是承傳自由守望者建立的洪水前遠古文明，如《以諾書》也曾指出守望者曾教導人類天文及星座知識。至於埃及的星座系統，它也是由蘇美爾文明傳過來[170]，比希臘的星座系統更早出現。因為埃及早於公元前二千三百年的《金字塔經文》[171]已有提及獵戶座及天狼星，而希臘則要到公元前九百年的荷馬史詩才首次出現獵戶座及天狼星的記載[172]，可見埃及星座系統比希臘的早上一千四百年。再加上在希臘文明及之後的羅馬帝國的發展階段中，不少哲學家及科學家都曾到訪埃及學習知識[173]，當中包括屬羅馬公民的天文學家托勒密（Claudius Ptolemy）。托勒密長期居於埃及亞歷山大港，他除了提出著名的「地心說」外[174]，也是首位把四十八個星座整合到希臘神話當中的人，稱之為「托勒密四十八星座」。[175]這樣一位有埃及背景的天文學家少不免會把埃及文化融合到希臘星座系統裡，因此獅子座中的「Sarcarn」、希臘文的「Sphiggo」以及獅身人面像的「Sphinx」之間的關聯並非單純源於希臘文化，而很可能是埃及文化與希臘文化的共同結晶。

既然埃及星座系統源於蘇美爾文明，而蘇美爾文明卻又是承傳自由守望者建立的洪水前遠古文明，似乎吉薩金字塔與獅身人面像的天文地理佈局背後經過一致的規劃，而這個規劃很可能就是來自那七位聖賢。一首希臘的讚美詩曾如此形容獅身人面像：[176]

您令人敬畏的外型，是永生的眾神造出來的……作為金字塔的鄰居……一位天上來的君主為人景仰……埃及之地的神聖導引。

當中的「眾神」可能是指那七位聖賢，而「一位天上來的君主為人景仰」可能就是指獅身人面像是按守望者薩摩西爾的形象而造，因為他正是從天而降的墮落天使。另外，一塊刻有胡夫法老碑文的石碑也形容獅身人面像為：[177]

伊塔爾（Aeter）的守望者，以目光引導著風……神的模樣，會永遠存在。永遠將祂的臉，對著東方。

當中的「伊塔爾」為擬人化的神，化表著天空或天堂。「伊塔爾的守望者」就是形容獅身人面像的形象是來自天堂的守望者，這完全符合薩摩西爾的身份。而且碑文形容獅身人面像「對著東方」的設定是一早設計好的，是經過規劃的。有趣的是，希臘的讚美詩與胡夫法老碑文都分別形容獅身人面像是「埃及之地的神聖導引」及「以目光引導著風」，究竟獅身人面像要引導什麼東西？

一首從第十八王朝開始流傳的讚美詩曾記載：

當阿蒙神進入獅身人面像腳凡的兩個洞穴……將他心中的感知……用嘴唇傳達命令……[178]

似乎讚美詩透露了獅身人面像的腳下有兩個密室，內裡隱藏了秘密信息，而這個秘密信息可能就是希臘讚美詩中的「神聖導引」。有則趣聞是關於獅身人面像的，就是有「沉睡先知」之稱的愛德加凱西（Edgar Cayce）在一九四一年提出一則預言，他認為獅身人面像的右爪藏有一個密室，密室裡藏有能證明在我們之前便已存在的先進文明的東西。後來由愛德加凱西的兒子所創立的啟蒙基金會也致力資助獅身人面像的研究，認為獅身人面像的地下密室的確儲存了地球遠古文明的具體證據。[179] 雖然我一直對《聖經》以外的預言甚少重視，不過今次有關獅身人面像隱藏古文明證據的預言的確勾起我的興趣。前文我們已探討過獅身人面像是對薩摩西爾的一種崇拜象徵，而薩摩西爾正是鎮守伊甸園的基路伯，當中守著的就是智慧樹和生命樹，也就是守著世間所有智識與永生之秘密。薩摩西爾在蘇美爾的化身是太陽神沙瑪什，而沙瑪什的領地就是太陽之城西柏爾。在大洪水前，恩基命令西索思羅斯將所有刻有世間知識的石板一起埋葬在西柏爾，因沙瑪什

（薩摩西爾化身）是西柏爾的主神，所以是由他守著這些石板。在印度，薩摩西爾的化身是印度太陽神蘇利耶（我們將會在下一章探討），他也是守著知識的太陽神。如今來到埃及，獅身人面像腳下密室卻隱藏了「神聖導引」。再加上獅身人面像是薩摩西爾的紀念碑，如果說在獅身人面像下藏有古文明的秘密知識也未嘗沒有可能。

早在一九八七年，來自早稻田大學的專家利用電磁探測，發現獅身人面像的地下的確存有密室。在獅身人面像的南面，他們發現一個有二點五米乘三米的地下密室以及一個凹槽。而在獅身人面像的北面，他們也發現一個凹槽，並可能透過獅身人面像地下的隧道通向南面的凹槽。另外，在獅身人面像的兩爪之間，他們也發現一個小型密室，它位於地面下一至二米。一九九一年，另一批專家以震波折射方法來探測獅身人面像，再次證實早稻田大學的發現。[180] 埃及首席考古學家、埃及政府吉薩高地助理部長扎賓哈瓦斯博士也曾說：「在一萬二千年前，古埃及在獅身人面像底下留下了許多記錄，希望後人找到之後可以啟發人類對史前時代有更多的認識。」他更補充說，獅身人面像的底下確實有一個規模極為龐大的巨型建築，是冥神歐西里斯的。這個地下神殿共有三層，真正的神殿是在地下深處的第三層。最神奇的第三層曾經被水淹過。神殿裡有四根巨大的神柱，包圍著一個被水淹著的石棺。[181] 雖說這裡還沒有發現到預言家所說的關於人類的秘密，但地下工程的挖掘工作還沒有完成，也許那些隱藏著的秘密將在不久的將來向世人展現。我感到有趣的是，這個由獅身人面像（薩摩西爾的象徵）所鎮守的地下神殿是用來紀念歐西里斯的，歐西里斯正是恩基在埃及的化身，情況如同當年恩基吩咐把知識石板埋藏在西柏爾，並由薩摩西爾的化身沙瑪什來鎮守。更重要的是，這個神殿曾被水淹過，或許就是那場挪亞大洪水所引致的。

關於埃及的大洪水，埃及《亡靈書》如此記載：

他們爭吵，他們毆鬥，他們犯罪，他們製造仇恨，他們殺害生靈，他們到處惹事生非，欺壓善良……所以我們準備把我當初創造的一切全部消滅。一場大洪水將降臨世上，把地球轉變成一個大水坑，讓大地恢復太初時期的原始面貌。（亡靈書第一七五章）[182]

《亡靈書》的內容令我想起《創世記》如何描寫耶和華在降洪水前的心路歷程：

耶和華見人在地上罪大惡極，終日心裏所想的盡都是惡事，耶和華就因造人在地上感到遺憾，心中憂傷。耶和華說：「我要把所造的人和走獸，爬行動物，以及天空的飛鳥，都從地面上除滅，因為我造了他們感到遺憾。」（創世記六章：5－7）

可見《亡靈書》與《創世記》有關引發大洪水的因由是完全吻合的。其實我們在埃及創世神話中亦可看見大洪水的影子。代表穹蒼與星宿的天空之神努特，與大地之神蓋布發生姐弟戀，他們在五天內不斷交合而生了歐西里斯、伊西絲、賽特及奈芙蒂斯。[183]原來眾神的出現是基於天地之交合，從天文角度來看也就是星體墜落大地的天災，這不正是指向公元前一〇五〇〇年的新仙女木期彗星撞擊事件嗎？因為這次彗星撞擊而使洪水肆虐大地，迫使蘇美爾地區的守望者或拿非利人向南逃至埃及，這些守望者或拿非利人最後卻成為埃及的眾神，如同《埃德富建築文本》所說一樣：眾神的居所因一次大洪水而淹沒，後來一群名為七位賢者的神明落腳於埃及，目的是要重現已毀壞的昔日神界。

第四部：印度文明

婆羅門教與印度洪水神話

在蘇美爾文明地區的東方，就是第三個古文明的發源地：印度文明。古印度人信奉婆羅門教，婆羅門教的起源可以追溯到公元前一五〇〇年至公元前五〇〇年之間的古印度。它是由印度的婆羅門階層（聖職者階層）所創立和發展的。婆羅門教的核心思想和實踐被記錄在古老的聖典《吠陀經》（Vedas）中。婆羅門教相信靈魂是永恆的，會在死後再次轉生。轉生的形式和條件取決於一個人在前一輩子中的行為和業力（Karma）。通過修行和遵守道德規範，人們可以改善自己的業力，提升自己在下一輩子中的地位。婆羅門教以天帝因陀羅、火神阿耆尼、月神蘇摩及太陽神蘇利耶為主要神明。圍繞這些神明背後的神話，當然離不開大洪水的元素，不過在了解印度洪水神話之前，我們先要認識兩位對立的勢力：因陀羅及阿修羅。

因陀羅是天神中的首領，是一位神勇的戰士。他也是雷神，為大地帶來雨水，是人類的守護神，並且為宇宙訂立秩序。[184]相反，阿修羅因得不到永生甘露而由天神墮落成惡魔，退守於海底的三連城。[185]作為阿修羅一員的巨龍弗栗多，有次囚禁了負責降雨的雲牛而使大地出現旱災，河流乾涸，生靈塗炭。有見及此，作為人類守護神的因陀羅挺身而出，聯同雙馬童兄弟向弗栗多巨龍宣戰。因陀羅先以大量的箭射向巨龍，但那些箭卻在巨龍身上反彈回來。雙馬童兄弟則以閃電矛揮向巨龍，可惜矛卻砍彎了。最後，因陀羅以金剛杵砍向巨龍的頭，終於把龍頭砍下來。戰勝巨龍的因陀羅便把被囚禁的雲牛釋放，霎時間天空烏雲密佈，落下滂沱大雨，河水大漲，洪水滔天，把巨龍屍體沖去大海深處。[186] 這種利用大洪水去洗淨地上邪惡勢力的手段，不禁令人想起《聖經》中的大洪水事件，只是耶和華換成印度神話中的因陀羅，而墮落的守望者及其後代拿非利人則換成邪惡的弗栗多巨龍。事實上，印度史詩《摩訶婆羅多》曾記載因陀羅建造了一座跟伊甸園有不少共通處的「因陀羅世界」[187]，可見因陀羅的確可對應《聖經》中的耶和華。

在印度神話中逃過大洪水的人類叫作摩奴，他跟《聖經》中的挪亞一樣，也是乘坐一條大船避過洪災。大洪水過後，摩奴為了感謝神恩而獻祭，如同《聖經》中描述挪亞走出方舟後所作的第一件事：

挪亞為耶和華築了一座壇，拿各種潔淨的牲畜和各種潔淨的飛鳥，獻在壇上為燔祭。（創世記八：20）

摩奴獻祭事件中出現了小插曲，就是負責獻祭的火神阿耆尼因害怕自己在獻祭後會失去生命，便潛逃至水中，摩奴因沒有火神參與而未能獻祭，同時大地因缺乏火神的光明之火而漆黑一片。最後眾神在水中找回火神阿耆尼，並賜予他永恆生命，終使火神現身，摩奴也得以成功獻祭。[188] 我認為這個火神失蹤事件，可能跟公元前一〇八〇〇年的新仙女木期彗星撞擊事件有關。火神逃至水中，可能就是比喻帶著火焰的彗星撞擊冰川產生大洪水，而火神失蹤使大地漆黑一片，可能就是比喻彗星撞擊後所激起的塵土遮蔽天空的情景。這種以神話記載古代天文事件的方式經常在各民族的神話中看到，稍後在有關中國神話的篇章裡，我們也會看到火神與水神的大戰，與印度神話中的火神阿耆尼躲到水中是同出一轍的，兩者都是指向新仙女木期彗星撞擊事件。

隨著印度宗教不斷發展，婆羅門教逐漸演變成今天的印度教。印度教的三個主要神明分別是濕婆、梵天及毗濕奴，我發現他們的特徵可對應蘇美爾的神明，甚至是守望者的領袖。

印度教三相神與守望者之對應

濕婆

圖 22. 濕婆

濕婆是破壞之神，他有毀滅和重生的力量。他經常以上身赤裸、下身圍著虎皮的形象出現。他的身體纏繞著三條眼鏡蛇，四隻手分別拿著三叉戟、手鼓、水壺和念珠，當中的三叉戟顯示他同時是風暴之神。他最厲害的武器就是額頭上的第三隻眼，一旦睜開就能噴火摧毀萬物。他的坐騎是一頭大白牛。[189] 濕婆也是宇宙舞王，當他跳起一支極樂之舞，正代表著宇宙的毀滅與靈魂的解脫。[190] 我發現濕婆的特徵跟蘇美爾的戰神馬爾杜克以及守望者領袖亞撒爾非常相似，比較如下：

亞撒爾（守望者）	馬爾杜克（蘇美爾）	濕婆（印度）
教人製造兵器	戰神	破壞之神
原是掌管風的天使	原是雷暴之神	風暴之神
外表像龍或飛蛇	坐騎是怒蛇（龍）	三蛇纏在身上
又名神賜予力量之人	又名太陽小公牛	坐騎是大白牛

前文已提及馬爾杜克只是亞撒爾在蘇美爾地區自稱為神的稱號，兩者相似實屬意料之內。但如今遠在印度的濕婆竟然也有高度的相似性，似乎蘇美爾的神明以某種途徑輾轉流傳至印度，經改頭換面後並以濕婆的姿態現身。

梵天

圖 23. 梵天

梵天是創造之神，他留有白鬍子，長著四頭四臂。四張臉各自至朝向東南西北，因此在中國及泰國地區被稱為四面佛或四面神。他的一隻手握有一支權杖，一手拿著一串念珠，是他計算宇宙時間的計時器。梵天的十二小時相當於我們的四十三億二千萬年（四三二〇的倍數）[191]，也就是歲差密碼。此外，他也拿著象徵神聖的《吠陀經》或代表純淨的蓮花。梵天手中也拿著裝有恆河之水的水壺，而他的坐騎是一隻天鵝。[192]有一種說法是，梵天是從毗濕奴肚臍上的蓮花中誕生的，可見這兩位神明關係密切。不過隨著印度教的發展，梵天的部分特徵被賦予給毗濕奴，人們對梵天的敬拜逐漸走向衰落，導致現今印度境內只有兩座供奉梵天的廟。[193]另外，梵天也是智慧之神，他創造了七位聖哲（Saptarishi，又譯作七仙人），共同協助宇宙之創造。[194] 這顯示出梵天跟蘇美爾的水神恩基以及守望者領袖薩姆亞扎很相似：

薩姆亞扎（守望者）	**恩基（蘇美爾）**	**梵天（印度）**
原是掌管水的天使	水神	一隻手拿著水壺
教人知識	智慧之神	智慧之神
與人類生下拿非利人	創造了七聖賢	創造了七位聖哲

再一次顯示印度的神明是由蘇美爾的神明轉化過來的，背後顯示著守望者的陰謀——就是要在不同地區創立不同的宗教，從而使人離開上帝。

毗濕奴

圖 24. 毗濕奴

毗濕奴是維護之神，他身體呈藍色，身穿黃袍，四隻手臂。四手臂分別拿著善見神輪、法螺、蓮花以及金剛杵。當中的善見神輪擁有一〇八個鋸齒[195]，而一〇八又是歲差密碼。他的坐騎分別是迦樓羅（金翅大鵬鳥）和七頭蛇。他能化成許多形象，最著名的化身有約十種，當中最令我注意的就是以下兩種化身：

一、摩蹉（人身魚尾）

關於摩蹉的神話故事是這樣的：人類始祖摩奴在修行期間無微不至的照顧一條由毗濕奴化身而成的小魚，因此得到大洪水警示，摩奴便建造大船和七位聖哲共乘，並帶了各種植物的種子上船。洪水來襲時，大魚摩蹉保護著摩奴的大船來到雪峰之下避難，人類才得以重新繁衍。[196] 洪水退去後，摩奴向神明獻上酥油、凝乳和牛奶等祭品。[197] 根據印度典籍《摩訶婆羅多》的記載，當中曾提及喜瑪拉雅山最高峰瑙班哈那，而「瑙班哈那」翻譯過來就是「繫船處」，這個「繫船處」很可能就是摩奴與七位聖哲下船的位置。[198]

這神話如同蘇美爾的《吉爾伽美什史詩》一樣，明顯就是《聖經》中挪亞大洪水故事的變奏版。摩奴的梵文名字是Manu，對應的希臘語是Nous，也就是Noah（挪亞）的變體字。[199] 另外，摩奴是達羅毗荼（Dravida）的國王，而Dravida一詞可能來源於梵語的Drava，意即「水」或「海洋」，而Dravidian（達羅毗荼人）便是指居住在海邊的印度人[200]，所以摩奴

圖 25. 摩蹉、摩奴與七聖哲

與洪水的確有千絲萬縷的關係。

摩蹉外形是人身魚尾或半人半魚，這不禁令我想起蘇美爾的俄安內，而跟摩奴一同上船的七位聖哲也令我想起七聖賢。俄安內和七聖賢是從波斯灣上岸，教化蘇美爾人建立洪水前的文明。巧合的是，印度西岸就是面向波斯灣，而且印度西岸亦是達羅毗荼人（印度最早的原住民）的活動範圍，亦即摩奴的領地。難道印度文明就是由這班守望者幻化成的俄安內和七聖賢從波斯灣上岸（印度西岸）而建立？事實上，波斯拜火教聖書《阿維斯陀》曾記載了一種生物伊瑪（Yma），它來自海裡並上岸教化人類。此外，根據埃及《金字塔經文》的記載，由恩基或薩姆亞扎幻化成的歐西里斯曾到訪過印度並建立許多城市。[201]由此可見，印度文明的建立很可能曾受外來文化的影響，而這些文化主要是來自蘇美爾或埃及地區。另外，根據印度學者提拉克（Bal GanghadarTilak）的分析，印度典籍《吠陀經》是洪水前的作品，跟摩奴一同上船的七位聖哲在大洪水後負責重現及向人類宣揚《吠陀經》。[202]七位聖哲在洪水後向人類傳承了洪水前的知識的情節，似乎跟蘇美爾神話相當類似：水神恩基在洪水來臨前吩咐西索思羅斯將刻有知識的石板埋葬在太陽城西柏爾，洪水過後，西索思羅斯和妻子、兒女和舵手一起下了船並重返西柏爾，把藏在那裡的石板挖出並把它們交給

圖26. 摩蹉

人類。我們再一次看見印度文明如何深受蘇美爾文明的影響。

二、迦爾吉（白馬）

毗濕奴另一化身就是迦爾吉。迦爾吉形象為身騎白馬、手持火劍、相貌英俊的武士，名字有「時間」、「不滅者」、「穢物破壞者」的意思，會在爭鬥時的劫末降世，剷除一切醜惡，終結崩壞的舊世界，構築圓滿的新世界。[203]

我們再看看聖經《啟示錄》有關末世的記載：

> 後來我看見天開了。有一匹白馬，騎在馬上的稱為「誠信」、「真實」，他審判和爭戰都憑著公義。他的眼睛如火焰，頭上戴著許多冠冕；他身上寫著一個名字，除了他自己沒有人知道。他穿著浸過血的衣服；他的名稱為「神之道」。眾天軍都騎著白馬，穿著又白又潔淨的細麻衣跟隨他。有利劍從他口中出來，用來擊打列國。他要用鐵杖管轄他們，並且要踹全能神烈怒的醡酒池。在他衣服和大

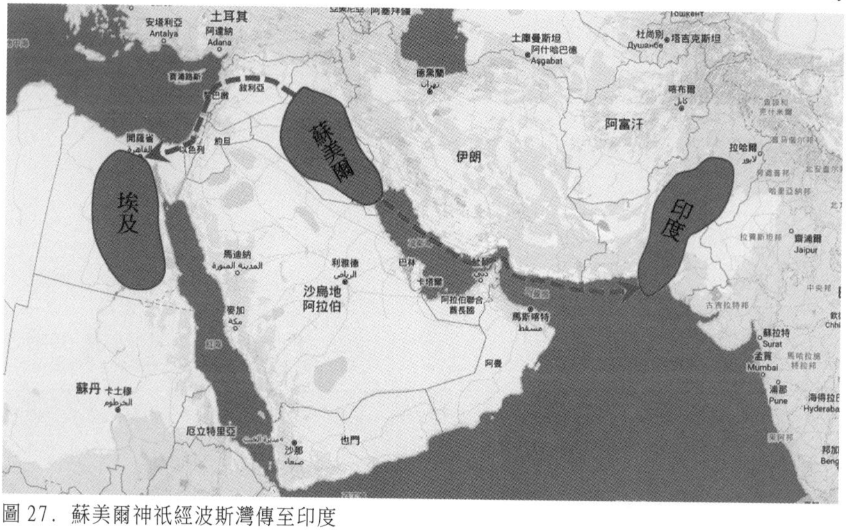

圖 27. 蘇美爾神衹經波斯灣傳至印度

腿上寫著「萬王之王，萬主之主」的名號。（啟示錄十九：11~16）

> 我又看見一個新天新地，因為先前的天和先前的地已經過去了，海也不再有了。（啟示錄二十一：1）

可見迦爾吉又是《啟示錄》中基督降臨的變奏版。似乎毗濕奴有意要模仿耶穌基督，對世人進行一次大迷惑。

毗濕奴經常躺在七頭蛇的身上，而《啟示錄》恰好也有提及七頭蛇：

> 天上又出現了另一個兆頭：有一條大紅龍，有七個頭十個角；七個頭上戴著七個冠冕……大龍就是那古蛇，名叫魔鬼，又叫撒但，是迷惑普天下的。（啟示錄十二：3、9）

可見七頭蛇（龍）就是撒但的化身，前文已說過它的對應星座就是天龍座。毗濕奴躺在七頭蛇上，證明毗濕奴是受撒旦的支配。

此外，毗濕奴另一坐騎是迦樓羅，其形象是半人半鳥[204]，再一次令

圖 28. 毗濕奴與七頭蛇

圖 29. 迦樓羅

我想起蘇美爾的七聖賢，他們也是以半人半鳥的姿態出現。迦樓羅在翻攪乳海的神話中，曾爭奪裝有永生之泉的金杯並交給諸神，因此迦樓羅經常被描述成帶著盛滿液體的杯子，而英國學者馬特伍德更認為迦樓羅的對應星座就是寶瓶座。[205] 金杯裡的永生之泉又令我想起那條圍繞著伊甸園裡的智慧樹和生命樹的蛇：恩基。我發現毗濕奴、梵天與恩基之間的確有不少關聯，他們的比較如下：

薩姆亞扎（守望者）	恩基（蘇美爾）	毗濕奴（印度）	梵天（印度）
其孫抓著方舟避洪水	教人造方舟避洪水	教人做大船避洪水	
外表像龍或飛蛇	伊甸園裡的蛇	躺在七頭蛇上	
教人魔法	魔法之神	可幻化成十個化身	
原是掌管水的天使	水神	坐騎迦樓羅與水有關	一隻手拿著水壺
教人知識	智慧之神		智慧之神
與人類生下拿非利人	創造了七聖賢		創造了七位聖哲

由此可見，毗濕奴加上梵天就等同於恩基或薩姆亞扎。似乎當恩基或薩姆亞扎流傳至印度時，分裂變成毗濕奴與梵天兩位神明，難怪在神話中描述梵天是從毗濕奴肚臍上的蓮花中誕生的，當中含有分裂的意思。

我們除了從宗教神明的對比外，還有沒有其他途徑來引證守望者曾對印度文明作出深遠影響？答案是肯定的，因為守望者擁有豐富的天文地理知識，他們也是精湛的石匠工匠的傳授者，他們的後人必會在宗教建築上留下不可磨滅的蛛絲馬跡，而這些線索一直都存留在柬埔寨的吳哥建築裡。

吳哥建築的天文地理佈局

隨著時間的推移，印度宗教逐漸流傳至東南亞，並影響了後來的吳哥城。吳哥城是柬埔寨的一個古代城市，它是高棉帝國的首都，也是該帝國在公元九至十五世紀期間的政治、宗教和文化中心。高棉帝國在這一時期達到了巔峰，吳哥城成為一個宏偉的城市，擁有壯麗的寺廟和建築群。吳哥城的建築以寺廟和佛塔為主，展示了高棉帝國的宗教和文化特徵。其中最著名的寺廟是吳哥窟（Angkor Wat），它是世界上最大的宗教建築之一，也是吳哥城最具代表性的建築之一。吳哥城是一個巨大的建築群，包括數百個寺廟和建築物。除了吳哥窟，其他著名的寺廟還包括巴戎寺（Bayon Temple）、塔普倫寺（Ta Prohm Temple）和巴昊寺（Baphuon Temple）。這些寺廟展示了高棉帝國的建築風格和宗教信仰。

吳哥寺廟的地理佈局原來內有玄機。根據葛瑞姆・漢卡克在其著作《天之鏡》裡的分析，他與其助手葛瑞斯比（John Grigsby）博士發現柬埔寨的吳哥城裡的各個宗教建築能串連起來形成構圖，並對照天空的星座，情況如同吉薩金字塔對照獵戶座一樣。他們發現吳哥裡的建築包括吳哥窟、巴肯寺、巴普昂寺、空中宮殿、巴戎寺、寶劍寺、塔普倫寺、班蒂喀黛寺、變身塔以及班帝薩雷寺能對應天空中的天龍座，而涅盤宮及達松廟則對應天上的小熊座。更重要的是，這個對應時間並不是這些建築的興建年份，而是公元前一〇五〇〇年，跟吉薩金字塔對照獵戶座的年份相同。[206]

換句話說，在公元前一〇五〇〇年春分日出的時候，獅身人面像對準東方的獅子座（日出的星座），吉薩金字塔對準南方的獵戶座，而吳哥的寺廟群則對準北方的天龍座。

大家可能會問：那西方呢？西方有什麼建築？對準哪個星座？若按照公元前一〇五〇〇年春分的星空，西方的星座應是寶瓶座，當獅子座隨著太陽上升，寶瓶座則逐漸下沉至水平面下。可惜葛瑞姆．漢卡克到目前為止還未發現任何對應寶瓶座的地上建築物。[207]即使這樣，也不會減退我們對吳哥的好奇，我們會追問為何印度教建築不選擇在印度而選擇

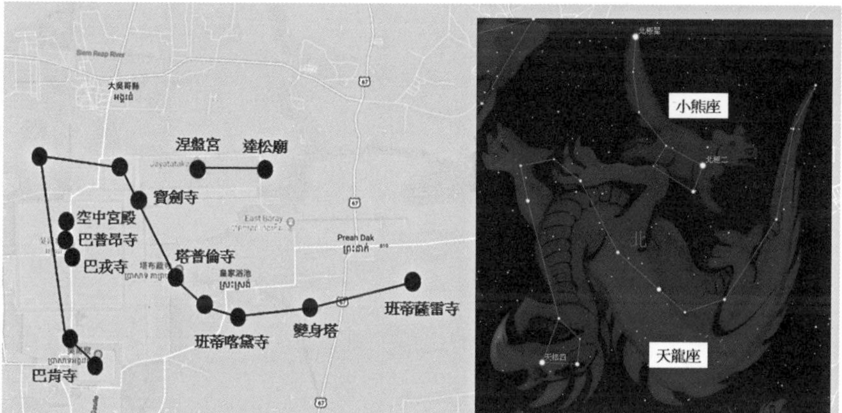

圖 30. 天龍座與吳哥寺廟之對應

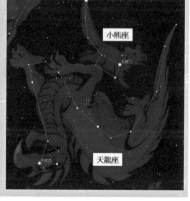

柬埔寨吳哥作為興建選址？原來吳哥寺廟群與吉薩金字塔之間的地理經度剛好相差七十二度[208]，又是歲差密碼。可見吳哥寺廟群的建築師完美地利用天文與地理的知識來作全球性的規劃。

再者，我們還會追問為何吳哥寺廟群的天地對應時間是公元前一〇五〇〇年？我們在前文已探討過在公元前一〇五〇〇年的新仙女木期曾有一顆彗星撞擊北美以及歐洲的冰蓋而形成全球性大洪水，根據《聖經》及《以諾一書》所說，這次洪水是由上帝所引發，目的是要剿滅守望者以及他們與人類所生下的拿非利人。不過根據《巨人之書》的記載，守望者領袖薩姆亞扎的孫兒巴珊王噩因抓著方舟逃過一劫，並藉由他的血脈繼續在洪水後繁衍拿非利人的後代，也就是《聖經》裡的利泛音人及亞衲人。而利泛音人在亞伯拉罕到訪埃及前已在當地盤據，並可能參與興建金字塔，利用金字塔對應獵戶座來記念薩姆亞扎。另一邊廂，亞衲人在蘇美爾地區與寧錄一起興建巴別塔，最終因惹怒上帝而被變亂口音及分散全地。這班被分散的守望者後代帶著建築技術進駐世界各地，而我認為吳哥寺廟群就是利用他們的建築技術與天文知識來作規劃，目的也是要紀念守望者領袖薩姆亞扎（毗濕奴及梵天）及亞撒爾（濕婆）。甚至我認為那個對應西方寶瓶座的未知建築物也應座落於吳哥寺廟群內。為了引證這個想法，我在二零一七年八月到訪吳哥寺廟群作實地考察。

吳哥建築的神秘特徵

我在柬埔寨認識了當地導遊楊文基，他是個風趣幽默的小胖子，一邊遊覽一邊聽他講解吳哥歷史確是一件樂事。根據他所說，吳哥寺廟群分佈在四百平方公里的平原裡，當中有三十八座較為著名的寺廟，它們是由不同年代的帝皇分批興建。早期的寺廟以印度教或婆羅門教為主，而後期的則以佛教為主。吳哥王朝鼎盛時期人口接近一百萬，該地區更建立了一套精密灌溉系統，以完善的水道與人工湖來發展農業。我即時想起薩姆亞扎曾教導該隱家族農業知識，歐西里斯亦在埃及發展農業文明，恩基則在蘇美爾地區建立有水利工程的城邦，當然在我的立場歐西里斯與恩基只是薩姆亞扎在不同地區的化名。因此我認為吳哥王朝的完善水利與發達農業，以及吳哥寺廟群的精密天地對應，背後很可能得到高人相助，而這些高人與薩姆亞扎的後人關係密切。事實上，傳說柬埔寨文明創始者是半人半神的乾提耶（Kaundinya）及柬浦（Kambu），他們是從海上乘船先後來到柬埔寨，二人分別也娶了那迦（七頭蛇）公主為妻。[209] 可見柬埔寨的創立與七頭蛇有淵源關係，而七頭蛇可對應空中的天龍座，難怪吳哥寺廟群也按照天龍座作地面的佈局。而半人半神的乾提耶及柬浦會否就是薩姆亞扎的後人——拿非利人（或利泛音人）？

導遊帶領我遊覽了最重要的寺廟，它們都是座落在對應天龍座和小熊座的位置上。為了讓讀者更清楚了解吳哥寺廟群的興建歷程，我的敘述會按寺廟的建築年份（不同的王朝）來排序。

耶輸跋摩一世（Yasovarman 一）（八八九年－九一〇年）

巴肯寺（Phnom Bakheng）：對應天龍座頭部的ξ星

巴肯寺是一座供奉濕婆（亞撒爾）的寺廟，高約六十七公尺，最上一層的面積是四十七平方公尺，而六十七及四十七都是質數，或許只是巧合。它有一〇八座寶塔，歲差密碼又再次出現，這就不是巧合了。事實上，亞索跋摩一世（Yasovarman I）曾在碑文上提到建立此寺的目的是「以石塊象徵星體的演變」[210]，可見巴肯寺與天文的關聯。寺廟的每層石階左右守護著一對石坐獅，最重要的是它的中間位置是一種須彌山的設計；所謂的須彌山就是印度教或佛教中的聖山，是眾神的居所，由金、銀、琉璃和水晶構成，它被大海環繞，海上有四大部洲和八小部洲。巴肯寺就是要模仿須彌山，成為濕婆（亞撒爾）的居所。有趣的是，須彌山的梵文轉寫是Sumeru[211]，阿卡德語的Šumeru就是指蘇美爾[212]，而蘇美爾本身的字意可解作守望者。換言之，須彌山可能是指蘇美爾，當年守望者或阿努納奇眾神的居所。再一次引證印度宗教深受蘇美爾文明的影響，把濕婆等同於蘇美爾戰神馬爾杜克或亞撒爾就顯得很合理了。

羅貞陀羅跋摩二世（Rajendravarman 二）（九四四年－九六八年）

變身塔（Pre Rup）：對應天龍座尾部的ι星

變身塔是國王舉行火葬儀式的地方，但在古代皇族卻認為它真正的功能是把國王遺體火化並變身為神的神殿，這就是變身塔名字的由來，同時亦突顯了吳哥王朝以神王統治的特色。變身塔也是供奉濕婆（亞撒爾）的寺廟，廟的中央一樣有須彌山（蘇美爾）的設計，階梯的兩旁也有石坐獅守護著。石坐獅在吳哥寺廟群裡經常出現，不過柬埔寨以至東南亞都沒有獅子出沒，故此吳哥石坐獅可能是由南印度的人獸Purusham Riga演化過來，它是人頭獅身，經常鎮守在寺廟的入口處。印度神話中還有一種獅身人面的怪物Sharabha，它是獅子、人和鳥的混合物[213]，這也可能是吳哥石坐獅的原型。而另一個可能性是由泰國的獅神（Singha）轉化而來，它也經常出現在寺廟的通道或入口處的兩旁[214]，是太陽崇拜的一種象徵。所以吳哥石坐獅很可能跟泰國的獅神或埃及的獅身人面像一樣都是用來紀念太陽神，也就是蘇美爾的沙瑪什，或是守望者當中教人類太陽知識的薩摩西爾。

空中宮殿（Phimeanakas）：對應天龍座心臟位置

空中宮殿是由羅貞陀羅跋摩二世興建，及後由蘇利耶跋摩一世（Suryavarman I）（一〇〇二年至一〇五〇年）所改建。它是濕婆（亞撒爾）的寺廟，也有須彌山設計及石坐獅鎮守。空中宮殿是一個很神秘的寺廟，根據元朝使臣周達觀在他的《真臘風土記》中有關空中宮殿的記載：

> 其內中金塔，國主夜則臥其下，土人皆謂塔之中有九頭蛇精，乃一國之土地主也。係女身，每夜則見，國主則先與之同寢交媾，雖其妻亦不敢入。二鼓乃出，方可與妻妾同睡。若此精一夜不見，則番王死期至矣；若番王一夜不往，則必獲災禍。

換言之，空中宮殿是國王與女蛇神交媾的地方，當中的女蛇神會否是象徵亞撒爾或薩姆亞扎的後人？因為亞撒爾或薩姆亞扎原是飛蛇外形的熾天使，以蛇神來描述他們的後人再貼切不過了。

「國王與女蛇神交媾」可能是指國王與亞撒爾或薩姆亞扎的後人有接觸，透過交流與妥協，協助蛇神完成某種使命（完成吳哥的天地對應佈局？），否則將會遇到災禍，如同《真臘風土記》所說「若番王一夜不往，則必獲災禍」。

闍耶跋摩五世（Jayavarman V）（九六八年—一〇〇一年）

塔高寺（Ta Keo）：對應天龍座身體的ξ星

塔高寺是一座未完成的須彌山式寺廟，相對下缺少仔細的雕刻。內有神牛南迪的雕像，它是濕婆的坐騎，故推斷塔高寺是用來供奉濕婆（亞撒爾）。寺廟未完成的原因眾說紛紜，有說當時修建寺廟時，塔頂遭到閃電雷擊，乃不詳之兆，因此停工。我認為塔頂遭雷擊更確立了塔高寺是供奉濕婆（亞撒爾）的寺廟，因為濕婆正是雷暴之神，而雷暴閃電在《聖經》中卻跟撒旦扯上關係：

耶穌對他們說：「我看見撒旦像閃電一樣從天上墜落。」（路加福音十：18）

巧合的是，濕婆的真身亞撒爾原本正是掌管風的天使，他被視為等同於撒旦。[215]

優陀耶迭多跋摩二世（Udayadityavarman II）（一〇五〇—一〇六六年）

巴普昂寺（Baphuon）：對應天龍座心臟位置

巴普昂寺是獻給濕婆（亞撒爾）的國寺，它是一座須彌山式的寺廟，由三層須彌台構成。優陀耶迭多跋摩二世在巴普昂寺旁留下碑文：宇宙中心是以須彌山為標記，所以要在首府中央建一座須彌山。可見須彌山在當時的神王心中擁有崇高的地位，巴普昂寺就是須彌山的代表，它剛好對應天龍座的心臟位置。

蘇利耶跋摩II世（Suryavarman II）（1113年—1150年）

吳哥窟（Vrah Vishnulok）：對應天龍座的頭部

吳哥窟的名字Vrah Vishnulok意思為「毗濕奴的神殿」，東西長度是一千五百米，南北闊度是一千三百米，它是世界上最大的寺廟。吳哥窟有大型的護城河圍繞，可見其建築師相當著重水的元素。這正符合毗濕奴的身分，因為他的真身是薩姆亞扎，而薩姆亞扎原是掌管水的天使。而薩姆亞扎另一化身是水神恩基，其名字的意思是「家在水上的人」，如同吳哥窟是一座巨大的水上廟宇。

吳哥窟同樣有須彌山的設計，壁畫有迦樓羅浮雕，在橫跨護城河的走道上，有多條象徵天龍座的七頭蛇。吳哥窟座落的位置是對應天龍座的頭部，情況就像神話中的毗濕奴經常躺在七頭蛇上。吳哥窟的中央塔頂是對準春分（三月二十一日）的日出方位，類似於獅身人面像在公元前一〇五〇〇年對準獅子座的春分日出，這種天文設計也顯示出吳哥窟的太陽崇拜，難怪在寺廟的範圍內有多達三百頭石坐獅，這正是對薩摩西爾的一種紀念。

蘇利耶跋摩二世（Suryavarman II）至耶輸跋摩二世（Yasovarman II）（一一六〇年—一一六六年）

斑帝薩雷寺（Banteay Samre）：對應天龍座尾部的α星（首龍星）

斑帝薩雷寺是一座供奉毗濕奴（薩姆亞扎）的寺廟，寺廟內有七頭蛇那伽，東門兩旁有一對石坐獅。它對應的位置就是天龍座尾部的α星，即是首龍星。前文說過吉薩三座金字塔是對應獵戶座，而獵戶座是薩姆亞扎的代表星座，其中大金字塔的一個北方氣孔就是對著首龍星，而首龍星卻又對應供奉毗濕奴（薩姆亞扎）的斑帝薩雷寺，形成吳哥與埃及的完美連結。

闍耶跋摩七世（Jayavarman VII）（一一八一年—一二二五年）

巴戎寺（Bayon）：對應天龍座心臟位置

闍耶跋摩七世是是吳哥王朝中貢獻最大的國王，不少著名的吳哥寺廟都是由他所興建的，其中一座就是巴戎寺。巴戎寺是闍耶跋摩七世為自己打造的國廟，中央有須彌山設計，入口處當然少不了一對石坐獅。巴戎寺最為特色之處就是建有五十四座四面佛塔，合共二百一十六面，而五十四與二一六又是歲差密碼。四面佛是梵天的特徵，而梵天就是薩姆亞扎在印度教的化身，所以巴戎寺也可視為紀念薩姆亞扎的建築。巴戎寺除了對應天龍座心臟位置之外，更是對應天空中的北黃極，即歲差運動所圍繞的中心點。難怪在闍耶跋摩七世皇宮掘出來的石碑寫著「高棉國（吳哥）宛如天空」[216]，當中天地對應的意義就再明顯不過了。

塔普倫寺（Ta Prohm）：對應天龍座身體的η星

塔普倫寺意指「皇家僧院」，是為紀念闍耶跋摩七世的母親而建。寺內供奉著智慧女神（梵天是智慧之神），寺外則被大樹纏繞，是著名電影《盜墓者羅拉》的拍攝場景。但最吸引我的反而是一個位於出入口旁的小浮雕，它的外形跟侏儸紀晚期的劍龍非常相似。但要知道人類要到一八八〇年代才發現劍龍[217]，而塔普倫寺卻是興建於一一八六年，比劍龍的發現早上接近七百年，不禁要問當年的石匠是如何得知劍龍的存在？難道就是守望者的後代把一些神秘知識傳授給吳哥的石匠？

吳哥寺廟群是用來供奉或紀念守望者，而塔普倫寺竟出現劍龍浮雕，我唯一聯想到兩者的關聯就是恐龍滅絕事件。學術界認為恐龍是滅絕於六千五百萬年前的一次小行星撞擊事件，撞擊地點就是現在中美洲的猶加敦半島。當時一顆直徑約十公里的小行星以時速五十倍音速的速度撞擊猶加敦半島，撞擊所產生的高溫以及隨後所引發的超級大海嘯就是恐龍的主要殺手[218]，情況如同公元前一〇五〇〇年守望者與拿非利人也是被新仙女木期一顆彗星的撞擊而產生的大洪水所剿滅一樣。

圖 31. 疑似劍龍浮雕

寶劍塔（Preah Khan）：對應天龍座身體的δ星

寶劍塔是闍耶跋摩七世為紀念父親而建的，寺裡有迦樓羅（金翅鳥）和神牛石雕，它們分別是毗濕奴與濕婆的坐騎。寶劍塔的中央有一個石柱林迦，是模仿男性生殖器而造，上面圓柱部分代表濕婆，中間八角柱代表毗濕奴，而下面方形柱則代表梵天，所以寶劍塔也可視為供奉濕婆（亞撒爾）、毗濕奴與梵天（薩姆亞扎）的綜合寺廟。

寶劍塔的入口跟大吳哥一樣，是惡神阿修羅與善神相互拉著七頭蛇的石像，它是神話「翻攪乳海」的實體呈現。「翻攪乳海」的目的就是要奪取海中的永生甘露，令人聯想起伊甸園裡的生命樹。事實上，寶劍塔的入口處有兩尊聖劍勇士鎮守，如同神派遣基路伯鎮守伊甸園東門的情形：

圖 32. 石柱林迦

圖 33. 聖劍勇士

耶和華神把那人趕出去，就在伊甸園東邊安設基路伯和發出火焰轉動的劍，把守生命樹的道路。

（創世記三：24）

可見基路伯也是手持火焰劍，跟寶劍塔的聖劍勇士很相似。而根據前文所說，鎮守伊甸園的基路伯就是教導人類太陽知識的薩摩西爾。

班蒂喀黛寺（Banteay Kdei）：對應天龍座尾巴的θ星

班蒂喀黛寺名字意思是「崇拜用的城堡」，相傳也是國王和皇后泳後小憩的地方，因它的東面正是皇家浴池。班蒂喀黛寺內有石坐獅（薩摩西爾），入口也有四面佛（梵天）雕像，門口左右各有一隻巨型迦樓羅（濕婆坐騎）浮雕，雙手抓住七頭蛇那迦（天龍座）的尾巴，而班蒂喀黛寺剛好對應天龍座尾巴的θ星。寺內原設有林迦，是濕婆（亞撒爾）、毗濕奴與梵天（薩姆亞扎）的綜合崇拜象徵。

達松廟（Ta som）：對應小熊座的β星（次小熊星）

達松廟是闍耶跋摩七世為紀念幫他打江山的Som將軍而建的，入口有四面佛（梵天）塔，其對應位置是小熊座的β星，亦即次小熊星。我們在探討吉薩金字塔的時候，曾提及過大金字塔其中一個北方氣孔就是對準小熊座的次小熊星，如今正是達松廟的坐落位置，背後的含義何在？原來達松廟「Ta som」名字當中的「Ta」意思為「祖先」[219]，所以達松廟也可能是利泛音人的後人用來紀念他們的祖先守望者的寺廟，如同吉薩金字塔是利泛音人用來紀念祖先薩姆亞扎一樣。

涅槃宮（Neak Pean）：對應小熊座的 θ 星

涅槃宮的「Neak Pean」意思是「纏繞的巨蛇（龍）」，它是一座水療醫院，四個小水池圍著中間一個大水池，全是方形設計。四個小水池坐落於東南西北各一方，而每個水池各有一座雕像：東池為人，象徵土；南池為獅子，象徵火；西池為馬，象徵風；北池為象，象徵水。大水池中央有座圓形小島，島上是一座須彌山（蘇美爾），由兩條七頭蛇（天龍座）圍繞著。島的東方有一個石飛馬，飛馬身上背負著十九個人形浮雕，這是關於一個飛馬救人的故事，當中有兩個版本：

一、古代發生大洪水，佛祖化身為白馬拯救眾人。
二、觀世音菩薩化身為飛馬拯救發生船難的商人。

當中的「佛祖」其實是毗濕奴的十大化身之一，而觀世音菩薩的另一化身也就是迦樓羅（毗濕奴坐騎），換言之這個石飛馬跟毗濕奴（薩姆亞扎）關係密切，而且可能是對應飛馬座（稍後再詳述）。在葛瑞姆．漢卡克的《天之鏡》裡，涅槃宮的位置是對應天龍座尾巴的 θ 星，但我認為它應對應小熊座的 θ 星，因涅槃宮與達松廟相鄰，與空中小熊座的 θ 星及 β 星位置吻合，而且小熊座被天龍座圍繞，如同涅槃宮是「纏繞的巨蛇（龍）」。

綜合以上各個吳哥寺廟，我把它們的特徵歸納如下：

	薩姆亞扎		亞撒爾	薩摩西爾	天龍座	寶瓶座	飛馬座	蘇美爾	歲差
	供奉毗濕奴	供奉梵天	供奉濕婆	石獅子／聖劍	七頭蛇	迦樓羅	石飛馬	須彌山	72倍數
巴肯寺			●	●				●	●
變身塔			●	●				●	
空中宮殿			●	●				●	
塔高寺			●					●	
巴普昂寺			●					●	
吳哥窟	●			●	●	●		●	
斑帝薩雷	●			●	●				
巴戎寺		●		●				●	●
塔普倫寺		●							
寶劍塔	●	●	●	●	●	●			
班蒂喀黛		●		●	●	●			
達松廟		●							
涅槃宮	●				●	●	●	●	

可見，整個吳哥寺廟群的佈局除了對準天龍座之外，還跟寶瓶座及飛馬座有關。各個寺廟都是分別供奉濕婆（亞撒爾）、毗濕奴與梵天（薩姆亞扎），寺廟內的石坐獅卻是太陽崇拜的象徵（薩摩西爾），而須彌山的設計又是代表蘇美爾，再次引證吳哥寺廟群與守望者的秘密連結。

最後的佈局：對準寶瓶座的神秘建築

我們在討論埃及的時候，發現吉薩金字塔對準南方的獵戶座，而獅身人面像則對準東方的獅子座，如今吳哥寺廟群也對應了北方的天龍座，遺留下來的就只有西方的寶瓶座還沒有發現對應的建築，我們暫且稱它為神秘建築。

如果大家仔細留意的話，吉薩金字塔與獅身人面像都位於同一地區，彼此相鄰。守望者的後人既然是技術高超的建築師，他們這種全球性的天地對應佈局理應符合「美」的要求，也就是數學上所謂的對稱性。金字塔（對準南方）與獅身人面像（對準東方）都是位於吉薩，所以吳哥寺廟群（對準北方）理應跟那座神秘建築（對準西方）同是位於吳哥地區裡。現在就讓我們一起分析，看看哪座吳哥寺廟符合作為對應寶瓶座的神秘建築。

首先，神秘建築必須與寶瓶座有關。前文已探討過毗濕奴的坐騎迦樓羅可對應天空的寶瓶座，問題是吳哥的寺廟裡不少都有迦樓羅的石雕，包括吳哥窟、寶劍塔和班蒂喀黛寺，甚至連涅槃宮的石飛馬也跟迦樓羅有關（因石飛馬是觀世音菩薩的化身，而觀世音菩薩另一化身也就是迦樓羅），所以很難單憑迦樓羅一項因素來決定哪座寺廟就是神秘建築，我們需要更多的篩選條件。

第二個我們要考慮的因素就是神秘建築必須跟毗濕奴（薩姆亞扎）有關。因為迦樓羅是毗濕奴坐騎，所以毗濕奴是一個關鍵因素。根據上一章我所規劃的分析表，若要同時包含迦樓羅和毗濕奴兩個因素的話，現就只剩下吳哥窟、寶劍塔和涅槃宮符合這樣的條件。

第三個我們要考慮的因素就是神秘建築必須與「水」有關。既然迦樓羅對應寶瓶座，而寶瓶座跟水有關。因為寶瓶座的形象就是拿著水瓶倒水的人，而寶瓶座的 κ 星與 λ 星的英文名稱分別為Situla和Hydor，其意思分別為水瓶和水。[220]剛好毗濕奴的真身是守望者領袖薩姆亞扎，它原是掌管水的天使，而他的另一身分就是蘇美爾的恩基，也是水神。若要寺廟有「水」的元素的話，選擇只剩下吳哥窟和涅槃宮，前者有護城河圍繞，後者則被人工湖包圍著。

第四個我們要考慮的因素就是神秘建築必須面向西方，並對準公元前一〇五〇〇春分的寶瓶座以及其他相關星座。前文已分析過，毗濕奴等同於恩基，而恩基的代表星座正是寶瓶座，但同時摩羯座和雙魚座也是他的象徵。不過還有一個可代表恩基的星座，就是飛馬座。[221]因為恩基可對應希臘神話裡的水神波塞冬，波塞冬經常坐在由飛馬所拉的戰車在海上奔馳，並且周圍有海豚跟隨[222]，當中的飛馬就是空中的飛馬座，海豚則對應天上的海豚座。再者，飛馬座的馬身是四方結構，稱為「飛馬大四方」，而位於埃利都並被視為恩基的居所的阿普蘇神廟正是四方形結構。如要符合四方形結構，其實吳哥窟和涅槃宮兩者都符合，但若要對應以上星座（寶瓶座、摩羯座、雙魚座、飛馬座和海豚座），就只有涅槃宮完全符合。因為涅槃宮是吳哥寺廟群裡唯一有大型石飛馬的寺廟，而石飛馬則可對應飛馬座。更重要的是，這座石飛馬是坐東向西並位於水池上，符合面向西方及與「水」有關的要求。

我利用電子星圖 Stellarium 模擬公元前一〇五〇〇的春分日出的星空，發現當東方的太陽隨著獅子座上升，西方的寶瓶座剛好下沉至水平面下，而寶瓶座上方剛好是飛馬座（不過顛倒了），位於涅槃宮的石飛馬正對準這個在水平面上的飛馬座，石飛馬周圍的水池就像鏡子般把空中顛倒了的飛馬座反轉過來，而水池本身卻又可對應水平面下的寶瓶座（象徵水）。同時飛馬座的左方是雙魚座，右方是海豚座，寶瓶座右方就是摩羯座，五個星座全部一一呈現。另外，涅槃宮石飛馬的背後故事跟洪水有關，而石飛馬對準公元前一〇五〇〇年的春分日出星空，這正是新仙女木期彗星撞擊而產生大洪水的年份。我更發現寶瓶座下方是南魚座，學者認為南魚座正是古代大洪水拯救世界的大魚形象。[223] 換言之，南魚座就是印度神話中拯救摩奴逃過洪水的大魚摩蹉，它是毗濕奴的化身。

此外，涅槃宮的石飛馬背著十九個人，十九除了是質數外，還有什麼含意呢？既然整個涅槃宮都是按照天地對應的佈局，我認為十九應與天文週期有關，而這個週期就是「默冬週期」。「默冬週期」是以十九年

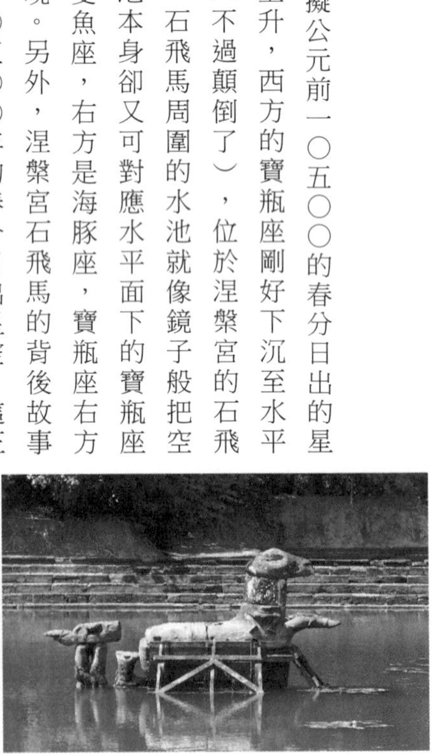

圖 34. 涅槃宮的石飛馬

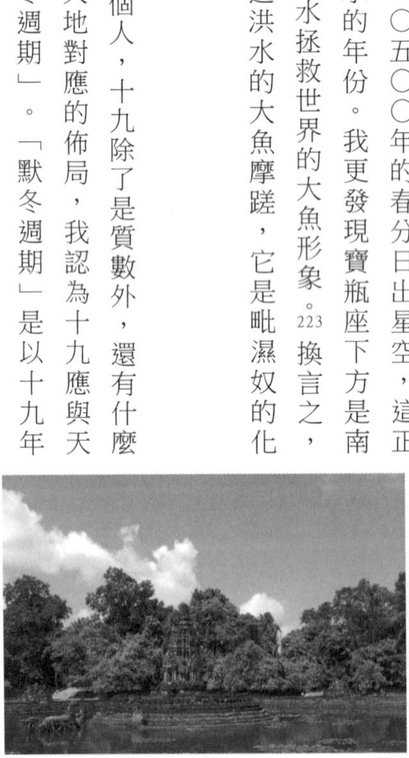

圖 35. 石飛馬（左下）面向西方天空，池中的建築物為須彌山

為一個週期[224]，即是太陽和月球每隔十九年就會彼此在相同的位置出現，它可用來預測日蝕和月蝕。簡而言之，十九這個數字跟太陽和月球的相對位置有關。我發現公元前一〇五〇〇年的春分日出時，除了太陽位於獅子座外，原來月球也剛好位於寶瓶座，太陽與月球遙遙相對，它們要再相隔十九年才會彼此在這個相同的位置出現。月球（跟十九有關）位於寶瓶座（跟水有關），也

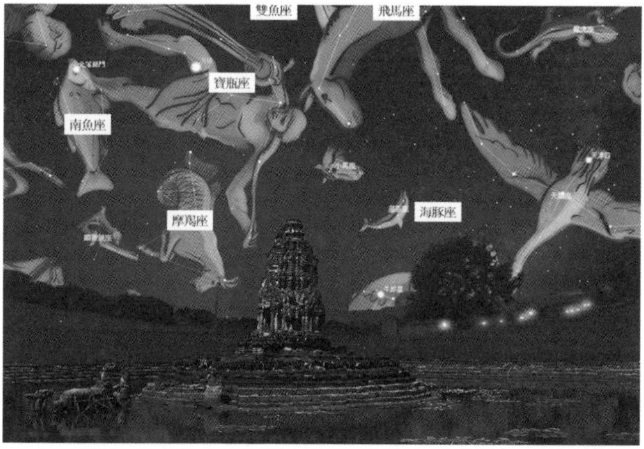

圖 36. 利用電子星圖 Stellarium 模擬公元前一〇五〇〇年春分在涅槃宮西方的星空，當中包括寶瓶座、飛馬座、雙魚座、海豚座、南魚座及摩羯座

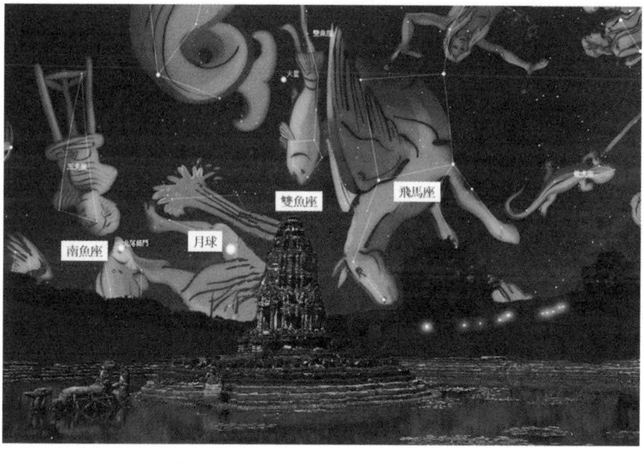

圖 37. 當寶瓶座隨著地球自轉而下沉至地平線以下時，涅槃宮的石飛馬正對準西方星空的飛馬座

正好對應石飛馬在池水（洪水）中救起十九人。最後不可忽略的是，石飛馬除了對準飛馬座，也是面向水池中央的須彌山（蘇美爾），即是要把救起的十九人帶往眾神居住的聖山，也就是蘇美爾地區，恩基的根據地，薩姆亞扎的降落地點。可見涅槃宮的建築師對蘇美爾地區是如此的嚮往，因為他們正是守望者的後人。

摩亨佐達羅的毀滅之謎

我們現在已發現守望者後人在全球的完整天地對應佈局：吉薩金字塔對準南方的獵戶座，獅身人面像對準東方的獅子座，吳哥寺廟群對應北方的天龍座，涅槃宮對應西方的寶瓶座。這個佈局對應的時間是指向公元前一〇五〇〇年，即是挪亞大洪水的年代。可見這次洪水事件對守望者後人來說是刻骨銘心的，他們先後在埃及和柬埔寨作出這種天地對應的全球性佈局，為的是要紀念他們的祖先——守望者。我發現如果從吉薩金字塔向南方沿著經度伸延一直線（即東經三十一度〇八分，下稱西線），而從獅身人面像向東方沿緯度伸延一直線（即北緯二十九度五十八分，下稱北線），再從吳哥寺廟群沿北方經度伸延一直線（即東經一〇三度五十三分，下稱東線），最後從涅槃宮沿西方緯度伸延一直線（即北緯十三度二十七分，下稱南線），這四條線就會相交並構成一個長方形——嚴格來說是球體表面的長方形，所以四條邊都是曲線，屬於非歐幾何——我稱之為歲差矩形，而這矩形的中央則剛好穿過印度河谷地區，這地區正是印度古文明的發源地。

後來我仔細研究這片印度河谷地區，發現矩形的中線剛好穿過一座有四千五百年歷史的古城——摩亨佐達羅（Mohenjo-daro）。摩亨佐達羅與埃及吉薩金字塔的經度相差三十六點二五度，跟吳哥寺廟群相差三十五點七五度，若四捨五入的話，即摩亨佐達羅與兩者都是相差三十六度，又是歲差密碼。摩亨佐達羅是古印度河流域文明（又稱哈拉帕文明）的一部分，該文明約在公元前二千五百年至公元前一千九百年間存在。這個古老的城市遺址位於今天巴基斯坦信德省的河流附近，是當時一個繁榮的城市。摩亨佐達羅的城市規劃非常先進，被認為是古代城市規劃的典範之一。整個城市被精心設計成方形，佈局有序，街道交叉成網格狀，形成方正的街區。在城市中心有一個宗教和行政中心，其中最著名的結構是大浴池（Great Bath），被認為是一個公共浴場或宗教儀式場所。摩亨佐達羅在當時擁有一個發達的衛生系統，這在當時是非常罕見的。城市中有一個複雜的排水系統，包括下水道和排水溝，用於處理污水和廢物。這種衛生系統顯示了當時的城市規劃和公共衛生意識。

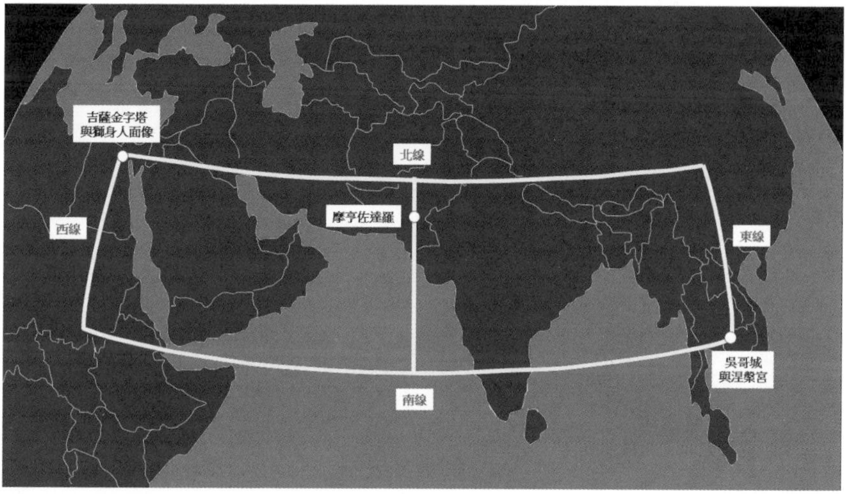

圖 38. 歲差矩形與摩亨佐達羅位置圖

摩亨佐達羅高峰期有五萬居民，城裡的遺物甚至有農業生產工具，可見其農業的高度發展[225]，文明程度可媲美蘇美爾與埃及地區。學者一般認為這座非凡的古城是由達羅毗荼人建成，而前文所說的印度神話中逃過洪水的摩奴也就是達羅毗荼人。更重要的是，摩奴在洪水中是得到由毗濕奴化身而成的大魚摩蹉所拯救，而毗濕奴卻又是薩姆亞扎的化身。另一邊廂，由薩姆亞扎化身而成的埃及冥神歐西里斯亦曾到訪過印度並建立許多城市，其中可能就包括摩亨佐達羅。的確，歷史上的達羅毗荼人也經常跟當時的蘇美爾地區有經商的往來。故此，摩亨佐達羅與守望者或蘇美爾文明也有千絲萬縷的關係。

摩亨佐達羅另一神秘的地方就是它擁有自己的印章文字，但這些文字還未被破解，而學者唯一肯定的就是這些印章文字與復活節島上的文字有關聯。[226]有趣的是，根據復活節島的神話，復活節島的居民原先是生活在一個叫做「希瓦」的地方，但後來「希瓦」因一次大洪水而沉沒，於是「希瓦」的神王霍圖・瑪圖阿（Hotu Matua）派了七名賢者乘坐獨木舟來到復活節島勘查，從而尋找安居之地。[227]我聯想起蘇美爾的七聖賢以及印度神話中跟摩奴一同乘船避洪水的七聖哲，而「希瓦」的神王霍圖・瑪圖阿會否就是七聖賢的主人恩基（薩姆亞扎）？當中的相似之處的確值得我們深思。話說回來，摩亨佐達羅的古印度印章文字經常出現「魚」的符號，而跟印章文字有關聯的古坦米爾語的魚讀音為「min」，但「min」也有星星的意思。難道「魚」的符號就是代表天空的雙魚座？也就是恩基（薩姆亞扎）的代表星座？另外，文字中的「魚」有時會畫上六條線，表示六顆星，即昴宿星團[228]，也就是伊西斯或亞斯她錄的代表星座。這又再一次印證了摩亨佐達羅與守望者的神秘連繫。另外，比摩亨佐達羅更古老的哈拉帕文化，學者在當中的艾迪斯沙巴區（Edith Shabr）發現塔廟式的建築[229]，而這種塔廟風格卻是蘇美爾文明建築的特色，可見古印度建築也深受蘇美爾文明的影響。

摩亨佐達羅又名「死亡之丘」，因為考古學家在廢墟的室內或街道上發現很多遺體，這些遺體有些四肢呈痛苦掙扎狀態，顯示當時這些居民似乎正在街上散步或在房屋裡幹活時受到突如其來的災難襲擊，從而使整個古城的居民瞬間死亡。[230]關於是次災禍的因由仍然是一個謎，不過考古學家在廢墟中找到一種綠色的玻璃狀物質——玻璃石。人類首次發現玻璃石是早於一九四三年在美國新墨西哥州所進行的核試爆，當中的高溫把沙裡的矽質晶體熔化後再凝固成玻璃狀的玻璃石。[231]因此開始有人提出古印度核爆的假說來解釋摩亨佐達羅的災難。這個假說聽起來似乎有點誇張，但並不是完全沒有可能。古印度著名梵文史詩《摩訶婆羅多》曾記載了俱盧家族與般度家族為爭奪王位進行一場大戰，稱為俱盧之戰，當中所描述的武器跟現代的核武不遑多讓：

「太陽異動，天空燒成焦黑，散發出異常的熱氣。象群被此武器的能量焚燒，慌忙地從火焰中四處逃匿。水蒸發，住在水中的生物也燒焦了。」

「從所有角落燃燒而來的箭雨，與凜冽的風一同落下。敵人的戰士們，就像遭到比雷還猛烈的武器。而烈火所燒毀的樹木也一一倒地。被這種武器焚燒的巨象群倒在附近，並發出慘痛的哀號聲。被燒傷的其他象群，則像發瘋般地四處奔逃，尋找水源。」

事實上，原子彈之父歐本海默在一九四三年美國新墨西哥州的核試爆後，他也聯想起《摩訶婆羅多》中的《薄伽梵歌》的一段：[232]

「這位大神具備一切奇幻，無邊無際。面向各方。倘若有一千個太陽同時出現在天空，光芒才能與這位靈魂偉大者相比。」《薄伽梵歌》十一章十一至十二節

「我是吞噬一切的死神。」《薄伽梵歌》十章三十四節

故此《摩訶婆羅多》可能正描述一場古代核戰，不過讀者可能會問，古代怎會有核武器的知識？在傳統歷史裡，人類的確要到一九四〇年代的二次大戰才研發原子彈。但我在這本書裡不斷強調的是，守望者以及上帝派來捉拿他們的正派天使，曾經在大洪水前後介入人類的古文明，我們不可排除他們一樣擁有核物理的知識，甚至在遠古的時代發動過一場核戰。

科學家經碳十四的分析結果對照，認為摩亨佐達羅的災難應發生在公元前二〇三〇年至一九三〇年之間。[233] 巧合的是，根據古文明專家撒迦利亞．西琴的計算，《創世記》中有關所多瑪與蛾摩拉的災難是發生於公元前二〇二四年[234]，跟摩亨佐達羅災難的時間吻合。根據《創世記》的第十九章的記載，因所多瑪與蛾摩拉犯姦淫罪，上帝派了兩位天使來滅城，當時亞伯拉罕的侄子羅得一家仍在城中，於是天使吩咐羅得說：

「逃命吧！不可回頭看，也不可在平原站住。要往山上逃跑，免得你被剿滅。」（創世記十九：17）

> 當時，耶和華把硫磺與火，從天上耶和華那裡降與所多瑪和蛾摩拉，把那些城和全平原，城裡所有的居民和土地上生長的，都毀滅了。羅得的妻子在他後邊回頭一看，就變成了一根鹽柱。
>
> （創世記十九：24～26）

大家有沒有想過為何上帝降火滅城時不可以觀看呢？如果是普通的火光，理應對眼睛不構成任何威脅，但若果所多瑪與蛾摩拉的災難是一場核爆，核爆所產生的核閃光則可使人致盲，因此經文中的「不可回頭看」也就變得合理了。再者，經文中的「硫磺」是傳統炸藥的原料，而核彈的外圍也是包著傳統炸藥，先引爆傳統炸藥來引發內爆，利用內爆壓縮核彈內部的核燃料以達致臨界質量，從而產生核爆。[235] 另外，經文中最離奇的就是羅得妻子因回頭看一眼就變成一根鹽柱，好像有點怪怪的。根據古文明專家撒迦利亞．西琴的分析，希伯來文中的「鹽」也可解作「蒸氣」[236]，因此羅得妻子可能是因核爆而被蒸發。大家可能會認為即使所多瑪與蛾摩拉犯姦淫罪也不至於要受到如此嚴重的懲罰，背後原因何在？我們先再看看《猶大書》的記載：

> 至於那些不守本位、離開自己住處的天使，主用鎖鏈把他們永遠拘留在黑暗裡，等候大日子的審判。同樣，所多瑪、蛾摩拉和周圍城鎮的人也跟著他們一樣犯淫亂，隨從逆性的情慾，以致遭受永不熄滅之火的懲罰，作為眾人的鑒戒。（猶大書一：6～7）

經文中提到「所多瑪、蛾摩拉和周圍城鎮的人也跟著他們一樣犯淫亂」，當中的「他們」就是指「那些不守本位、離開自己住處的天使」，亦即是《以諾一書》所提及在洪水前下凡犯姦淫罪的二百個守望者，所以我認為有部分守望者在洪水後逃亡到所多瑪與蛾摩拉，並繼續在當地犯姦淫，才迫使上帝用「硫磺與火」來剿滅剩餘的守望者以及跟他們一起的所多瑪與蛾摩拉人民。我們可以想像一下，在所多瑪與蛾摩拉的守望者絕不會坐以待斃，定必傾力反擊。當然最後敵不過正派天使，在且戰且退的情況下向東方逃走，最後退守到印度河谷的摩亨佐達羅，而正派天使繼續追殺他們，再次向守望者投下核武，這便形成所謂的古印度核爆。而《摩訶婆羅多》所記載的俱盧兄弟的兩個家族之間的大戰可能就是指這場守望者與正派天使的核戰。巧合的是，俱盧家族中負責領軍的毗濕摩原是天神，因犯罪而被詛咒成為凡人，只能留在人間生活[237]，情況如同當年在洪水前墮落的守望者。另一方面，般度家族中負責領軍的阿周那，原來是眾神之首因陀羅之子[238]，前文已分析因陀羅可對應聖經中的上帝耶和華，所以阿周那可對應神的兒子，即正派天使。俱盧之戰最終也是由般度家族戰勝俱盧家族，如同當年正派天使剿滅守望者一樣。更有趣的是，《薄伽梵歌》記載著：[239]

> 大地之主啊！阿周那對感官之主黑天說道：「永不退卻者！駕馭戰車，請把它停在兩軍之間。」
>
> 《薄伽梵歌》一章二十一節

當中的黑天就是阿周那的戰車車夫，而黑天其實也是毗濕奴的化身[240]，而毗濕奴的真身正是守望者首領薩姆亞扎。此外，經文出現「大地之主」的字眼，讓我想起蘇美爾的恩基，因為恩基也叫作「大地之王」，而恩基的真身卻又是守望者首領薩姆亞扎。可見，黑天就是薩姆亞扎，不過在俱盧之戰的神話中黑天是站在正派的般度家族那邊，而當年的薩姆亞扎卻屬墮落守望者那邊，再次讓我們看見守望者利用各地神話來顛倒是非，迷惑世人。不過薩姆亞扎在俱盧之戰的出現，至少間接引證了所多瑪蛾摩拉的災難與摩亨佐達羅的毀滅有關。

阿魯納奇拉山與洪水神話

在南印度地區，人們主要供奉濕婆為主神，反而負責創世的梵天及維持之神毗濕奴的地位都在濕婆之下，這種濕婆信仰可從印度神話找到根據。有一天，梵天與毗濕奴正在爭論誰更值得人們尊敬時，在他們二人面前突然出現一根巨大火柱，為了尋找火柱的來源，毗濕奴化作野豬順著火柱下方找，而梵天則化作天鵝順著火柱上方找，經過一千年的努力，他們也找不著。最終他們返回原處，這時濕婆在他們面前現身，梵天與毗濕奴才發現巨大火柱原來是濕婆的林伽（陽具），於是他們就把濕婆奉為最偉大的神。[241] 神話中濕婆的巨大林伽就是對應現實中南印度的阿魯納奇拉山（Arunachala），而根據南印度典籍《阿魯納奇拉的榮耀》（Arunachala Mahatmyam）的記載，濕婆本身就有阿魯納奇黎瑜伽師（Arunagiri Yogi）的稱號。[242] 阿魯納奇拉山在南印度的洪水神話裡猶如北印度洪水神話中的喜瑪拉雅山，是洪水的避難所及重現洪水前典籍之地，《塞犍陀往世書》曾記載：[243]

「末世四海翻騰，淹沒陸地，此地不為所動……當萬物皆亡……未來的種子當留存此地……知識、技藝、典籍、《吠陀經》盡階妥善護持如斯……洪水之後來到山腳下的婆羅門都被我喚來學習與採集《吠陀經》……」

《塞犍陀往世書》也提到七聖哲曾到過阿魯納奇拉山的地區，似乎是要履行傳揚《吠陀經》的使命，如同他們在喜瑪拉雅山地區所作的一樣。我在前文已闡述印度七聖哲與蘇美爾七聖賢的相似之處，如今七聖哲在南印度傳揚《吠陀經》的地區名為阿魯納奇拉山（Arunachala），與蘇美爾神話中恩基所屬的神祇集團阿努納奇（Anunnaki）在發音上極為相近，難道深受蘇美爾文化影響的古印度人就是以阿魯納奇拉山（Arunachala）來紀念蘇美爾的阿努納奇（Anunnaki）？既然作為南印度主神的濕婆可對應蘇美爾的馬爾杜克（阿努納奇一員）或守望者中的亞撒爾，而毗濕奴加上梵天就等同於蘇美爾的恩基或守望者中的薩姆亞扎，因此濕婆可被視為阿努納奇在印度的化身，難怪濕婆有阿魯納奇黎瑜伽師的稱號，因為「阿魯納奇黎」（Arunagiri）與阿努納奇（Anunnaki）在讀音上也是極之相似，當中的關係可謂不言而喻了。

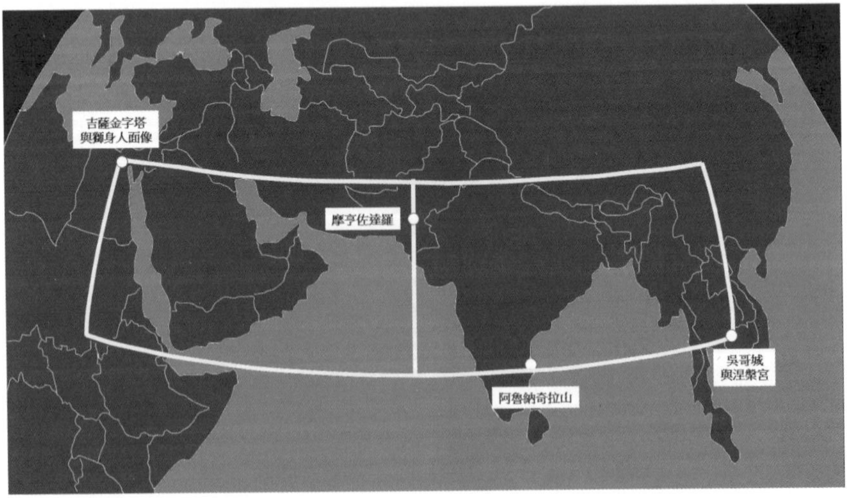

圖 39. 阿魯納奇拉山位置圖

阿魯納奇拉山的地理位置位於北緯十二度十分，跟歲差矩形的南線（北緯十三度二十七分）只有一度的差異，似乎歲差矩形的四邊所經過的位置附近都與大洪水的神話及傳說有密不可分的關係。

翻攪乳海神話與杜瓦爾卡古城沉沒之謎

「翻攪乳海」是印度神話中最著名的情境之一，它被完美地呈現在吳哥窟西側南面的迴廊浮雕，是天神與阿修羅之間對永生甘露的爭奪戰。為了平息天神及阿修羅對永生甘露的渴求，梵天告知雙方只要同心協力翻攪大海，就能從中獲得永生甘露。天神與阿修羅協議，要把獲得的永生甘露平分。他們以蛇王瓦蘇基作為繩索纏繞在須彌山的四周，希望以須彌山作為攪拌棒來翻攪乳海。阿修羅抓著蛇王的頭，而天神則抓著蛇王的尾，並以馱著世界的巨龜作為支點，然後不斷地攪動大海。由於攪動力量相當大，使得須彌山上的樹木及飛禽走獸墮入海中，死傷無數。轉動的摩擦力使須彌山上的森林燃燒起來，但蛇王口中噴出的霧氣升到空中形成雨水，而雨水又降在燃燒中的須彌山，這種水火互爭、神魔互鬥的境況維持了一千年。最後在乳海中浮現出十四件寶物，包括最珍貴的永生甘露。此時，為了奪得不死之身的阿修羅便一擁而上，為想爭喝一口甘露，毗濕奴於是化作會跳舞的美女來分散阿修羅的注意力，其他眾神便趁機喝下甘露而獲得長生不死之身。其中一個叫羅睺的阿修羅假扮天神，偷偷地喝下甘露，看到此事的太陽神與月神立刻告知毗濕奴，毗濕奴隨即趕在甘露滑過羅睺的喉嚨前砍下他的頭，由於羅睺的頭曾飲過甘露，頭便得以不死。羅睺從此憎恨太陽和月亮，並不時追趕吞噬太陽和月亮，因而形成日蝕和月蝕，羅睺的尾巴則成為天空中的彗星。[244] 羅睺死後，其他阿修羅發現自己被騙，於是群起大戰天神，為要奪得永生甘露。天神之首毗濕奴利用神輪發出的耀眼光芒殺死大量阿修羅，且戰且退的阿修羅拔起一座又一座大山扔向天神，大山從空中落下，導致雙方大量死傷。最後毗濕奴使出神弓擊退阿修羅，並把他們逐出天界，有的逃到地下，有的逃到海裡，從此阿修羅被視為邪惡的象徵。[245]

「翻攪乳海」的神話表面上只是神魔大戰，但其背後可能有更深層的天文意義。根據麻省理工學院的科學史教授桑提拉納（Ggiorgio de Santillana）及人類學家戴衡德（Hertha von Dechend）在他們的著作《哈姆雷特的石磨》的論述，「翻攪乳海」中轉動須彌山代表地球極軸的移動，是歲差運動的暗喻。[246] 換言之，古人把從天空中所觀測得到的歲差現象以神話的方式記錄下來，一代傳一代，只是後來的人們遺忘了神話原本的真正意義。對於我來說，「翻攪乳海」除了關於歲差運動之外，很可能也包含大洪水的信息。首先，「翻攪乳海」告訴我們須彌山因不停轉動而使山上的飛禽走獸墮入海中，導致生物大滅絕，這完全吻合《聖經》有關大洪水的記載：

> 水勢在地上極其浩大，普天下所有的高山都淹沒了。水勢洶湧，比山高出十五肘，山嶺都淹沒了。凡有血肉在地上行動的，就是飛鳥、牲畜、走獸和地上成群的群聚動物，以及所有的人，都死了。
>
> （創世記七：19～21）

另外，「翻攪乳海」提到蛇王瓦蘇基口中噴出的霧氣形成雨水，並降在燃燒中的須彌山，這也符合《聖經》有關大洪水來源之一的記載：

四十晝夜有大雨降在地上。（創世記七：12）

我們不要忘記，「翻攪乳海」中的須彌山的梵文Sumeru，正正就是阿卡德語中所指的蘇美爾，亦即《聖經》記載大洪水的起點，這讓我們再一次看見《聖經》大洪水故事在印度神話中的變奏版。此外，「翻攪乳海」所引致的毗濕奴與阿修羅大戰，當中大山從空中落下的一幕令人聯想起新仙女木期彗星撞擊事件，而這事件正是引發全球大洪水的元兇。巧合的是，新仙女木期彗星碎片的第二十一號撞擊點正是位於敘利亞境內，也就是須彌山所對應的蘇美爾地區，而其他撞擊點則包括位於北美洲及歐洲的冰蓋，這些白色冰蓋很可能就是「翻攪乳海」中的白色乳海。再者，「翻攪乳海」中曾偷飲過甘露的羅睺，他被斬首後的尾巴最後成為天空中的彗星，而這顆彗星很可能就是暗指新仙女木期彗星。彗星在撞擊地球表面之前，必先衝破一百公里厚的大氣層，如同《聖經》記載大洪水來臨那天在天上的情況：

天上的窗戶也敞開了。（創世記七：11）

「翻攪乳海」當中的主角，當然歸毗濕奴莫屬，他先化作美女來分散阿修羅的注意力，然後又把羅睺斬首，最後更憑神弓擊退阿修羅，似乎「翻攪乳海」的劇本都是圍著他來寫。無他，因為毗濕奴正對應著守望者的首領薩姆亞扎。當初就是薩姆亞扎向二百個守望者提議一同下凡娶人類的女子為妻，這種天使與人類的情慾之罪就是上帝要用大洪水滅世的主因：

> 當人開始在地面上增多、又生女兒的時候，神的兒子們看見人的女子美貌，就隨意挑選，娶來為妻……那時候有巨人在地上，後來也有；神的兒子們和人的女子們交合，生了孩子。那些人就是古代的勇士，有名的人物。耶和華見人在地上罪大惡極，終日心裡所想的盡都是惡事，耶和華就因造人在地上感到遺憾，心中憂傷。耶和華說：「我要把所造的人和走獸，爬行動物，以及天空的飛鳥，都從地面上除滅，因為我造了他們感到遺憾。」（創世記六：1～7）

其實毗濕奴在「翻攪乳海」中的角色不僅於此，前文提過的那隻馱著世界的巨龜，它名叫俱利摩，是毗濕奴的十大化身之一。另外，還記得那條帶領摩奴及七聖哲在大洪水期間逃亡到喜馬拉雅山的大魚摩蹉嗎？它也是毗濕奴的化身。此外，毗濕奴還有一個化身也可能跟洪水有關，它就是野豬筏羅訶。有次梵天被阿修羅金目偷走《吠陀》，並把大地拖到大海裡，於是毗濕奴化身為野豬潛入海底，與金目搏鬥一千年。最終，毗濕奴殺死金目，找回《吠陀》，並使大地重返水面上。[247] 這段神話提到大地沉到大海裡，跟大洪水的情況沒有兩樣。而且當大地重返水面後，《吠陀》被找回，跟七聖哲在洪水後重新傳揚《吠陀》的情節相符。所以我認為這段野豬神話的發生時序是跟大洪水或「翻攪乳海」平行的。有趣的是，毗濕奴的另一化身侏儒筏摩那，他正是七聖哲中的迦葉波的兒子[248]，可見毗濕奴與七聖哲的密切關係。其實這也不難理解，因為前文已分析毗濕奴也可對應蘇美爾中的水神恩基，而恩基正是七聖賢的創造主，跟印度神話中毗濕奴與七聖哲的姻親關係只是在輩份上反轉了。

毗濕奴十大化身之中最著名的莫過於黑天，黑天除了是俱盧之戰的參與者外，他也是西印度古城杜瓦爾卡（Dwarka）的創建者。當年黑天因受外敵妖連（Jarasandha）的攻擊，被迫退守到克迦拉特海岸，並在此建立杜瓦爾卡。[249] 根據印度典籍《摩訶婆羅多》、《薄伽梵往世書》及《毗濕奴往世書》的記載，杜瓦爾卡的地點原本是聖城庫蘇塔萊，後來黑天向大海求來十二佛隆的土地，並在其上建造杜瓦爾卡城。《毗濕奴往世書》更指出，就在黑天遇害死亡那天，黑鐵時代降臨，海水上升，淹沒杜瓦爾卡城全境。[250] 我們身處的年代正是黑鐵時代，換言之《毗濕奴往世書》所指的「海水上升，淹沒德瓦爾卡城」很可能就是指公元前一〇五〇〇年的全球大洪水。印度首席海洋考古學家羅歐（S.R. Rao）也認為在冰河時代末期被洪水淹沒的印度海岸地區，的確有可能出現大洪水前的古文明。羅歐雖然是發現杜瓦爾卡城水底遺跡的考古學家，但據他推斷，這個水底遺跡的年代只可上溯至公元前一五〇〇年，似乎比公元前一〇五〇〇年的全球大洪水晚了很多。[251]

《上帝的魔島》的作者葛瑞姆漢卡克為了追尋杜瓦爾卡城的歷史真相，親自前往西印度的杜瓦爾卡城，當然這個城並非當年由黑天所建立的杜瓦爾卡古城，而是後人在古城原址重新建立起來的新城。葛瑞姆漢卡克與印度國立海洋研究團隊一起在杜瓦爾卡城的海岸進行潛水探測，重返當年羅歐所發現的水底遺跡。這個遺跡位於離岸一公里水深十二尺的位置，有類似石牆的散落結構，葛瑞姆漢卡克在觀察後也認為此結構的年代不會早於公元前一五〇〇年[252]，似乎這遺跡未必是真正的杜瓦爾卡古城。但如果水平面因大洪水後不斷上升的話，真正的杜瓦爾卡古城水底遺跡可能要在離岸更遠、水深遠超十二尺的海域下才能找到。雖然經費所限，葛瑞姆漢卡克與印度國立海洋研究團隊未能在更深的海域進行潛水探測，但葛瑞姆漢卡克利用杜翰大學所繪製的不同年代的陸沉圖發現，西印度的海岸線由公元前一四四〇〇年至現今後退了約一百公里[253]，杜瓦爾卡古城若果是公元前一〇五〇〇年全球大洪前的古文明的話，它的水底遺跡位置至少離岸數十公里。雖然我們至今仍未能真正發現杜瓦爾卡古城，不過我可以肯定其真實性及超然性，因為現今的杜瓦爾卡新城位於東經六十八點九五度，跟歲差矩形的中線（東經六十七點八八度）相當接近，由於杜瓦爾卡古城水底遺跡可能離岸數十公里，其地理位置會更接近中線。由此可見，黑天（毗濕奴）所建的杜瓦爾卡古城在選址上不是任意的，而是要配合守望者利用埃及金字塔及柬埔寨吳哥城所規劃的歲差矩型佈局。

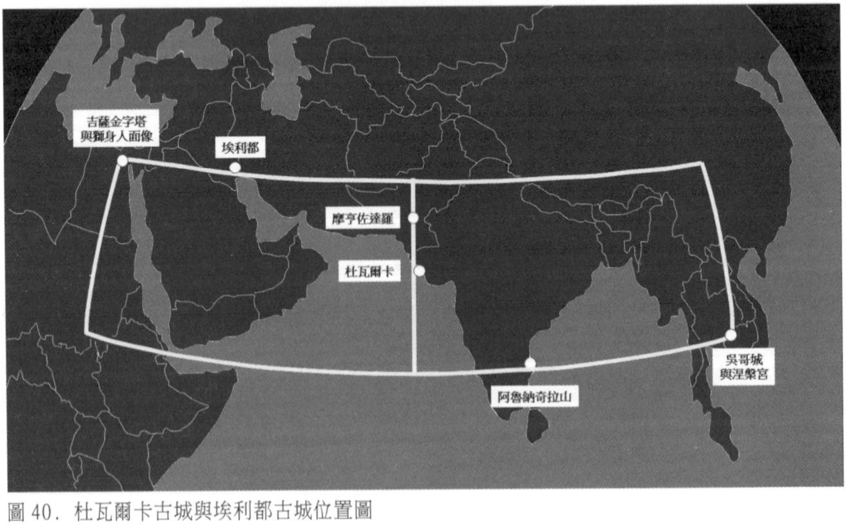

圖 40. 杜瓦爾卡古城與埃利都古城位置圖

巧合的是，毗濕奴所對應的蘇美爾水神恩基，他在蘇美爾地區所建的埃利都古城位於北緯三十點八二度，跟歲差矩型的北線（北緯二十九點九七度）亦相當接近，再一次讓我們見到毗濕奴或恩基所建的古城在地理位置上存有刻意的安排。

我在前文已分析過，毗濕奴可對應埃及的歐西里斯，而根據埃及典籍的記載，歐西里斯曾到訪過印度並建立許多城市，相信杜瓦爾卡古城就是其中之一。印度的毗濕奴、埃及的歐西里斯以及蘇美爾的恩基其實只是守望者首領薩姆亞扎在三個地區的化名，薩姆亞扎在大洪水前帶領二百個守望者下凡娶妻，似乎他們先後在蘇美爾、埃及與印度建立起不同的根據地。因此上帝要利用全球性的大洪水來滅世，為的是要滅絕那些分佈在這三個地區的守望者及其後裔。難怪《摩訶婆羅多》如此記載摩奴的洪水故事：[254]

「在第七天，三個世界都將沉淪大海，消逝無蹤。此時我會派一條大船給你。帶著植物和各式種子與七賢哲同行……登上大船，你將平安航行於黑暗大海……」

這裡所說的三個世界，相信就是指蘇美爾、埃及和印度。

科奈克太陽神廟與守望者的神秘連繫

我們在探討蘇美爾文明和埃及文明都發現薩姆亞扎、亞撒爾和薩摩西爾都是比較重要的守望者領袖，他們在這兩個文明都分別找到對應的神明，都是人們心中的崇拜主角。來到印度文明，我們發現薩姆亞扎可對應梵天和毗濕奴，而亞撒爾則可對應濕婆，唯獨是薩摩西爾還沒有找到對應的神明，跟他有關的就只有寺廟群中的小型石坐獅，難道印度人並不著重太陽崇拜？

前文我們探討了埃及與吳哥之間所構成的歲差矩型，利用矩型的中線我們找到了摩亨佐達羅，它的位置剛好跟埃及與吳哥的經度相差三十六度，這種把長方形按歲差數字來分割的方式，我稱之為「歲差分割」。後來我又發現如果把摩亨佐達羅與吳哥之間的長方形再進行「歲差分割」，這條分割線就會穿越位於孟加拉灣的科奈克太陽神廟（Temple of Konark）。換言之，科奈克太陽神廟跟摩亨佐達羅相差十八度（實際是十七點九五度），而它跟吳哥也是相差十八度（實際是十七點八度），而十八本身也是歲差密碼。

科奈克太陽神廟位於印度東部奧里薩邦的科奈克市，

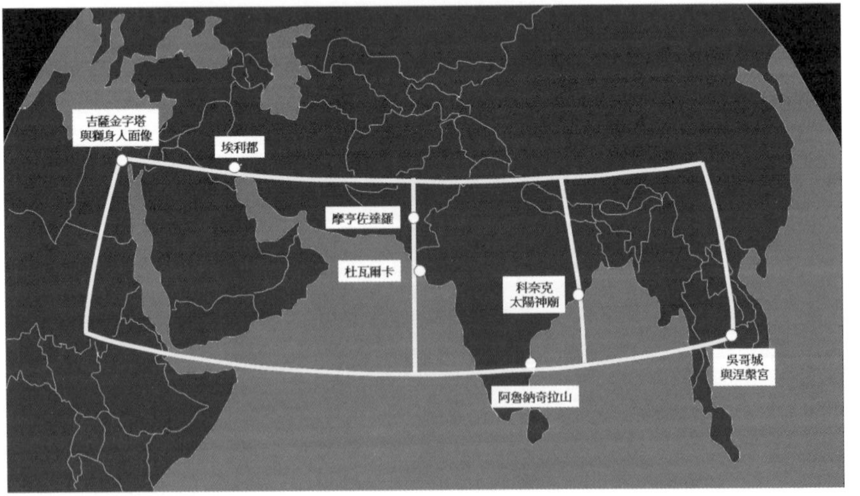

圖 41. 科奈克太陽神廟位置圖

是世界上最著名的太陽神廟之一。神廟建於十三世紀，是奧里薩邦的奧德城國王納拉・邦狄爾（Narasimhadeva I）所建。它是為了紀念太陽神蘇利耶（Surya）而建造的，也是該時期奧德城國王的政治和宗教中心。科奈克太陽神廟採用了印度傳統的印度教寺廟建築風格，稱為卡拉卡納風格（Kalinga Style）。該建築以其壯觀的石雕著稱，展示了當時的建築和雕刻技巧。它被認為是印度建築的傑作之一。神廟原本是一座龐大的寺廟，但目前只剩下主要的石塔（Gopuram）和一部分建築。主塔高約三十公尺，由數萬塊石頭組成，精心雕刻著神話故事、神聖動物和神祇形象。塔上還有許多雕刻的太陽車輪，象徵著太陽神。

原來科奈克太陽神廟正是我一直所尋找的建築，因為它是用來崇拜印度的太陽神——蘇利耶（Surya）。蘇利耶全身金色，他利用天之眼監視世界，這點跟埃及的太陽神荷魯斯相似，因荷魯斯的象徵符號正是荷魯斯之眼。蘇利耶的神力可讓人得到永生[255]，就正如薩摩西爾曾是鎮守種有生命樹的伊甸園一樣。蘇利耶的坐騎是一架由七匹馬所拉的戰車，而科奈克太陽神廟的外形正是模仿蘇利耶的戰車而建的。科奈克太陽神廟外圍裝有二十四個輪子，代表一天有二十四小時。[256]而輪子上有八根輻條，跟蘇美爾太陽神沙瑪什（薩摩西爾化身）的日輪非常相似。

圖 42. 科奈克太陽神廟的輪子

圖 43. 沙瑪什的日輪

巧合的是，原是基路伯的薩摩西爾也跟輪子有關，因為《聖經》中有關基路伯的形象除了是人面獅身外，亦有另一形象：

> 耶和華吩咐那身穿細麻衣的人說：「要從基路伯之間旋轉的輪子中取火。」那人就進去站在一個輪子旁邊。基路伯中的一個基路伯伸手到基路伯中間的火那裡，取一些放在那身穿細麻衣人的手掌中，那人拿了就出去。在基路伯翅膀以下，顯出有人手的樣式。我又觀看，看哪，這些基路伯的旁邊有四個輪子。一個基路伯旁有一個輪子，另一個基路伯旁也有一個輪子；輪子的形狀好像水蒼玉石。至於四輪的形狀，都是一個樣式，好像輪中套輪。輪子行走的時候，向四方都能直行，行走時並不轉彎。頭轉向何方，它們也隨著向何方行走，行走時並不轉彎。基路伯的全身，連背帶手和翅膀，並輪子周圍都佈滿眼睛。他們四個的輪子都是如此。我耳中聽見這些輪子稱為「旋轉的輪」。基路伯各有四張臉：第一是基路伯的臉，第二是人的臉，第三是獅子的臉，第四是鷹的臉。基路伯升上去了；這就是我在迦巴魯河邊所看見的活物。基路伯行走，輪子也在旁邊行走。基路伯展開翅膀，離地上升，輪子也不轉離他們的旁邊。基路伯站住，輪子也站住；基路伯上升，輪子也跟著上升，因為活物的靈在輪中。耶和華的榮耀離開殿的入口處，停在基路伯之上。基路伯展開翅膀，在我眼前離地上升；他們離去的時候，輪子在旁邊，都停在耶和華殿的東門口。在他們上面有以色列神的榮耀。（以西結書十：6～19）

簡而言之，《以西結書》中的基路伯是耶和華的座駕或戰車，他有輪子，甚至輪中套輪，輪子當中有火。薩摩西爾正是墮落了的基路伯，所以薩摩西爾也有戰車的形像，因此我認為印度太陽神蘇利耶其實就是薩摩西爾的化身，而科奈克太陽神廟就是用來崇拜薩摩西爾的，如同埃及的獅身人面像一樣。

前文已說過薩摩西爾在埃及的化身就是太陽神拉，而太陽神拉的代表物除了是吉薩的獅身人面像之外，還有位於阿布西爾的太陽神廟。這座太陽神廟是由紐塞拉王（Nyuserre Ini）所建造[257]，其外形是金字塔與方尖碑的混合體。巧合的是，印度的科奈克太陽神廟也有類金字塔的外形，再一次引證印度文明是深受埃及文明及蘇美爾文明所影響。

在印度文化裡，太陽神蘇利耶的地位可謂舉足輕重，因為那位坐大船逃過大洪水的摩奴正是蘇利耶的兒子，其後摩奴生下甘蔗王，而甘蔗王則建立了印度的太陽王朝。[258]換言之，古印度人相信他們就是太陽神蘇利耶的後裔，這種關係其實就是蘇美爾太陽神沙馬什與半人神吉爾伽美什的翻版，太陽崇拜的信仰在我們稍後即將討論的中國文明裡也有出現。根據印度神話的記載，太陽神蘇利耶與筏摩那（毗濕奴的化身之一）都是阿底提的兒子。[259]有趣的是，在太陽王朝的第四十三代的羅摩，原來也是毗濕奴的十大化身之一[260]，可見蘇利耶與毗濕奴的關係密切。其實這也很合理，因為毗濕奴可對應薩姆亞扎，而蘇利耶則對應薩摩西爾，他們二人都是曾下凡娶妻的守望者，並在下凡前許下永不出賣對方的諾言[261]，這種兄弟情在印度神話裡的蘇利耶與毗濕奴之間再次呈現。

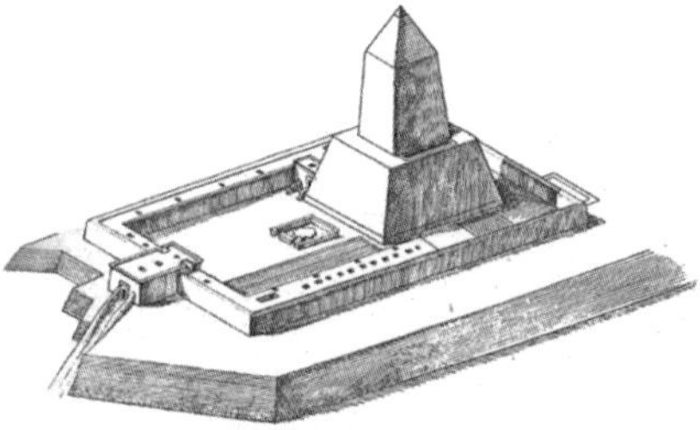

圖 44. 埃及的阿布西爾太陽神廟

圖 45. 印度的科奈克太陽神廟

第五部：中國文明

我們已先後探討過蘇美爾文明、埃及文明及印度文明，它們的相關神話都涉及大洪水事件，顯然大洪水是一種全球性的集體記憶，各個文明都以自己的版本來記載這個刻骨銘心的歷史事件。來到四大古文明的最後一個——中國文明，我們將會發現中國神話裡也有大洪水的元素。不過中國神話的弊處是比較散亂，沒有統一的版本，每個版本之間也存有矛盾之處，我們只能從中抽取大概的故事脈絡來作探討。

蚩尤與守望者

中國神話裡曾出現一個黃金時代，是神人共處的年代。不幸的是，天上出現了一個惡神蚩尤，他來到地上煽動苗民跟他造反，其他善良的人民便遭受了他們的禍害。被迫害慘死的冤魂跑到天帝面前申訴，天帝為了保護善良的百姓，於是派了天兵天將下凡去剿滅蚩尤及苗民，並把天和地的通路阻隔，使人不能上天，神也不能下地，從此人神共處的年代就此終結。[262]

這個故事的結構基本上跟《以諾一書》所說的很相似：守望者下凡娶妻，與該隱家族結盟作亂，神派下米迦勒與加百列為首的大天使長下凡剿滅守望者。的而且確，我發現蚩尤跟守望者有很多相似之處。根據漢代經書《龍魚河圖》的記載，蚩尤是「獸身人語，銅頭鐵額，食沙石子」，而南朝祖冲之所著

圖 46. 蚩尤

《述異記》則描述蚩尤是「人身牛蹄，四目六手，耳鬢如劍戟，頭有角，背生雙翅」，並且「蚩尤兄弟七十二人」，而這七十二個蚩尤都是巨人。[263]可見蚩尤擁有半人半獸及一雙翅膀的外形，如同蘇美爾的七聖賢，而且數目不只一個，他有一班為數七十二人的巨人集團。我們應該還記得守望者與人類所生下的拿非利人也正是巨人。另外，七十二這數字是歲差密碼，竟然也出現在中國神話裡。蚩尤的專長是製造各種兵器，包括鋒銳的矛、堅利的戟、巨大的斧、強固的盾等[264]，因此蚩尤被譽為中國神話中的戰神。如同守望者領袖亞撒爾也是擅長於製作兵器，而亞撒爾在蘇美爾和埃及的化身分別是戰神馬爾杜克與荷魯斯。因此我認為惡神蚩尤可對應守望者領袖亞撒爾，神話中的苗民可對應曾與守望者勾結的該隱家族，而天兵天將自然是對應大天使長。不過要留意的是，以上是神話化的蚩尤，歷史上的蚩尤卻是部落首領，對於中國神話裡這種既是天上神祇又是地上人物的矛盾，就連中國神話學大師袁珂也說：「直到現在，歷史學家都得不到確實的解答。」。[265]不過我相信他們只是一班崇拜守望者領袖亞撒爾的後人以「蚩尤」為名在地上作惡，後來才被神話化而變成天神。

關於蚩尤的事跡，我在下文會有更多討論。

中國版的大洪水神話

有一天，水神共工和火神祝融爭戰，共工戰敗，一怒之下撞斷了撐天的柱子，半邊天空因此而塌了下來，天上露出大窟窿，大地也破裂並形成深坑。洪水從地底噴湧出來，波浪滔天，使大地成為海洋。女媧眼見人們受到這樣慘烈的災禍，於是揀選了五色寶石，把它們熔化後補在天上的大窟窿。另外，避免天空再塌下來，便殺了一隻大烏龜，斬下它的四隻腳用來代替天柱，豎立在大地的四方，從而把天空撐起來。[266]

如果我們把這段中國神話大洪水與《聖經》中的大洪水相對比的話，會發現不少相似之處：

挪亞六百歲那一年的二月十七日，就在那一天，大深淵的泉源都裂開，天上的窗戶也敞開了。

（創世記七：11）

中國神話提到大洪水前「天上露出大窟窿」；《聖經》則描述洪水前「天上的窗戶也敞開了」。中國神話亦提到「大地也破裂並形成深坑，洪水從地底噴湧出來」；而《聖經》則描述「大深淵的泉源都裂開」。可見中國神話與聖經所描述的大洪水故事是同出一轍的。雖然中國神話的大洪水是因水神共工和火神祝融的爭戰而形成，但這場洪水也可能是天帝用來剿滅蚩尤和苗民的一種手段，如同《聖經》的大洪水是上帝用來淨化世界一樣。[267]

另外，《聖經》曾記載挪亞一家八口因上了方舟而成功避開洪水，最後擱淺在亞拉臘山上，而挪亞一家則成為大洪水後的人類祖先。原來中國神話也有類似的記載：在大洪水來臨的時候，伏羲和女媧坐著一個大葫蘆隨著洪水到達古崑崙山上，頑強地活了下來，並繁衍後代，最後成為中華民族的祖先。[268] 換言之，我們只要把「方舟」變為「大葫蘆」，「亞拉臘山」變為「古崑崙山」，而「挪亞一家」則變為「伏羲和女媧」，《聖經》的大洪水故事就會變成中國神話的洪水故事。

有趣的是，中文字「昔」意思為「以往」，其甲骨文為或。

根據象形字典的解釋，代表波濤洶湧的洪水，代表太陽，結合兩者則表示除天上太陽和地上洪水之外，不見他物。[269] 換言之，「昔」是指發生大洪荒的遠古時代，我們祖先以往的日子就是生活在大洪水之下，以致這種刻骨銘心的記憶也印記在甲骨文之中。

中國人祖先：伏羲、女媧與該隱家族

伏羲和女媧是中國神話裡的殿堂級人物，他們是兄妹，也是夫妻。根據《文選王延壽》記載：「伏羲鱗身，女媧蛇軀。」[270]，因此伏羲和女媧都是人首蛇身，這樣看來「蛇」是古文明神話中的必然元素。

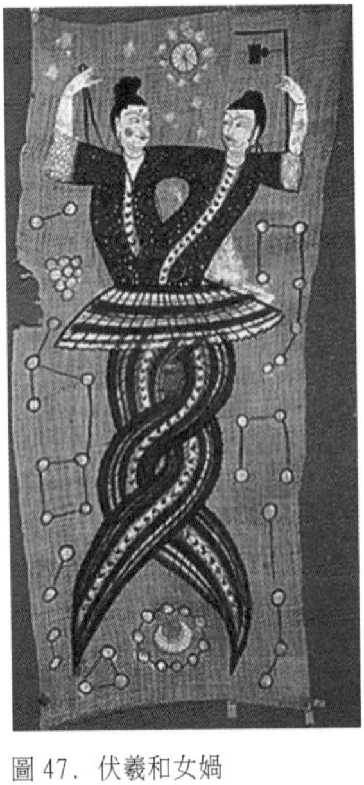

圖 47. 伏羲和女媧

既然女媧伏羲是坐著大葫蘆避開大洪水，所以他們二人理應是大洪水前已出現的人物，當然他們可直接對應挪亞一家八口，但亦可能是對應該隱家族的成員，我傾向採取後者的推理，理由有二：

一、根據伏羲女媧的圖騰，他們都是人頭蛇身，但在聖經中蛇代表撒旦，所以伏羲女媧很可能是對應受撒旦或守望者迷惑的該隱家族。

二、根據象形字典對女媧的「媧」的古字分析，左邊部首是一個女人，右邊部首代表一個金屬大鍋，換言之「媧」是指一個在金屬大鍋旁邊做飯的女人。再加上女媧是大洪水前已出現的人物，按此推理，女媧是指在大洪水前使用金屬大鍋做飯的女人，這些女人很可能就是該隱家族的成員，因為根據《創世記》第四章二十二節的記載，該隱家族成員中的土八該隱是銅匠鐵匠的祖師，金屬大鍋很可能屬於其作品之一。另外，根據秦末《世本》的記載：「女媧作笙簧。」[271] 亦即女媧是笙簧這種吹奏樂器的發明者。巧合的是，根據《創世記》第四章二十一節的記載，該隱家族成員中的猶八是一切彈琴吹簫之人的祖師。另一方面，根據象形字典對伏羲的「伏」的古字分析，左邊部首代表獵人，右邊部首代表獵犬，故「伏」即帶著獵犬的獵人。此外，根據易中天教授對「羲」的甲骨文及金文的綜合分析，上部首為一隻羊，下部首為兵器，也可解作「殺」。[272] 要殺羊，必先牧羊，所以伏羲除了是獵人外，亦是會殺羊的牧羊人。再次巧合的是，根據《創世記》第四章二十節的記載，該隱家族成員中的雅八正是牧養牲畜之人的祖師。

伏羲除了打獵畜牧了得之外，他也是先天八卦的創始人。據東周戰國的《尸子》所載：「伏羲始畫八卦，別八節而化天下。」[273]而所謂的「八節」，即八個節令，包括立春、立夏、立秋、立冬、春分、秋分、冬至及夏至。這些節令的訂立必須透過天文的觀察（太陽的日出位置），所以《周易．繫辭下》也記載伏羲是仰觀天文的第一人。[274]這種伏羲先天八卦輾轉經周文王及後來的孔子重新演繹，逐漸變成現今的《易經》[275]，而《易經》中的六十四卦可用作占卜預測，可謂中國版的占星術。伏羲這種因仰觀天文而製八卦的知識，會否就是從墮落的守望者那裡獲得的？因前文我們已討論過《以諾一書》曾提及守望者教導該隱家族有關天文占星的知識：

巴爾卡亞爾（Barkayal）教導如何觀看星辰；亞基比爾（Akibeel）教導神蹟；塔米爾（Tamiel）教導天文學；以及亞薩拉達爾（Asaradel）教導月亮的變化移動。（以諾一書八：1～3）

我們再次看見伏羲與該隱家族千絲萬縷的關係。來到這裡，大家可能有一個疑問，就是根據《聖經》所載，理應是挪亞一家八口逃過洪水一劫，而非該隱家族。但在中國的神話裡，對應該隱家族的伏羲女媧卻是坐著大葫蘆倖免於難，如何磨合彼此間的差異？我們在前文已探討過墮落的守望者曾勾結人類，與該隱家族的女子交合並生下拿非利人，而當中的拿非利人奧格更因抓著方舟而逃過洪水。換言之，擁有該隱家族血統的奧格也算是坐著方舟避過洪水，這很可能就是伏羲女媧坐大葫蘆避洪水的原始來源。《聖經》記載的是挪亞一家的洪水版本，而中國神話記載的卻是擁有該隱家族血統的奧格版本，它們兩者並無矛盾，而是同一事件的兩種面向的描寫。

另一邊廂，據中國西南藏族民間故事《洪水淹天的傳說》的記載，伏羲與女媧在大洪水後結為夫婦，並生下一塊磨刀石，此石最終演化成各種生物，包括人類。這次人類創造並非首次，而是洪水後的再創造。這種伏羲女媧再次創造人類的傳說，現在四川民間也有流傳[276]（關於四川，我們稍後會有更多的探討）。可見伏羲女媧所繁衍的後代並非一般的人類，而是該隱家族的血脈，所對應的就是洪水後出現的利泛音人。

祖先的祖先：華胥氏與夏娃、雷神與基路伯天使

伏羲女媧雖然是人頭蛇身，天生異稟，但他們不是自有永有的神，最多只能算是半人半神，因為他們都是由母親所誕下的。據《太平御覽》所載：「大跡出雷澤，華胥履之，生伏羲。」[277]簡而言之，伏羲的母親華胥氏因踩到巨大的腳印而感生伏羲，而雷澤裡的腳印就是雷神所留下的。從另外一個角度看，伏羲就是由雷神（人頭龍身）與華胥氏所生下的，這也解釋了為何伏羲是人頭蛇身，因為古代的蛇與龍是同屬的。再者，《路史．後記二》提到：「女媧，伏羲之妹。」[278]可見華胥氏是伏羲與女媧的共同母親。華胥氏是來自上古文明華陽國[279]，而華陽國的地理位置相當於現今陝西省秦嶺以南、四川省、重慶市、雲南省以及貴州省一帶。[280]我們再次看見中國上古文明與四川的關係，此後我們會發現更多。

華夏文明的「華」，其實就是來自華胥氏或華陽國。「華」的甲骨文是，是一棵樹，當

中的代表花枝，所以「華」是指一棵開著花的樹。[281]我們知道開花後必然結果子，所以「華」也是一棵果樹。「胥」的上部為「疋」，其甲骨文為，是由大腿、小腿及腳板三部分組成的腳[282]，「胥」的下部為「肉」，即一塊肉。換言之，「胥」代表腳踩上一塊肉。我認為「華胥」二字隱藏了一個故事，是一個伊甸園裡的故事。我們先看看聖經的記載：

蛇對女人說：「神豈是真說不許你們吃園中所有樹上的果子嗎？」女人對蛇說：「園中樹上的果子，我們可以吃；惟有園當中那棵樹上的果子，神曾說：『你們不可吃，也不可摸，免得你們死。』」蛇對女人說：「你們不一定死，因為神知道，你們吃的日子眼睛就明亮了，你們便如神能知道善惡。」於是，女人見那棵樹的果子好作食物，也悅人的眼目，且是可喜愛的，能使人有智慧，就摘下果子來吃了；又給她丈夫，她丈夫也吃了。」（創世記三：1～6）

當中的女人是誰？夏娃也，夏娃吃下辨別善惡樹的果子就是人類罪惡的根源。犯了罪自然要受罰，上帝如此懲罰說：

耶和華神對蛇說：「你既做了這事，就必受咒詛，比一切的牲畜野獸更甚！你必用肚子行走，終身吃土。我又要叫你和女人彼此為仇；你的後裔和女人的後裔也為仇。女人的後裔要傷你的頭；你要傷他的腳跟。」（創世記三：14～15）

女人的後裔要傷蛇的頭，而蛇又要傷他的腳跟，這不正是「胥」的意思嗎？腳踩上一塊肉，這塊肉正是活生生的蛇肉，這就是「女人的後裔要傷蛇的頭」的意思，而蛇自然會反抗去咬上面的腳跟，也就是「蛇要傷他的腳跟」的意思。引致今次上帝詛咒的來源就是那棵辨別善惡樹，所以「華」所指的果樹也正是這棵樹。故此，「華胥」二字隱藏了夏娃吃下禁果的大罪以及後來的詛咒事件，華夏文明的祖先「華胥氏」所代表的其實就是第一個女人——夏娃。當然不是說夏娃曾來到中國的華陽國，而是我認為夏娃的後裔輾轉來到中國後，取了「華胥氏」作為他們的姓氏，以紀念夏娃的事跡。至於蛇的後裔，就是前文所說受魔鬼迷惑的守望者，對應中國神話裡的蚩尤。「蚩」的甲骨文為，上部的代表腳趾，而下部的代表蛇，所以「蚩」也是腳踩蛇的意思。[283] 而「尤」字，據易中天教授的解釋為「罪過」，這不正是夏娃吃禁果的大罪嗎？原來無論是女人的後裔（華胥氏）還是蛇的後裔（蚩尤），他們名字背後都隱藏著伊甸園裡夏娃吃禁果的故事。最後一提，華胥氏生下伏羲女媧，而夏娃則生下該隱，再一次讓我們看見華胥氏與夏娃及伏羲女媧與該隱家族的對應關係。

至於伏羲女媧的父親雷神（也算是吧），「雷」的甲骨文為，中間的代表閃電，而兩旁的代表輪子。換言之，「雷」指天空爆發閃電，伴隨轟隆震天的巨響，猶如天神的戰車在天穹之頂滾過。後來的金文甚至把「雷」演變成，是一架擁有四個輪子的天神戰車。[284] 大家對四輪的天神戰車是否很面善？沒錯，就是前文提及過的耶和華的四輪戰車——基路伯！《聖經》對它如此形容：

基路伯的旁邊有四個輪子。一個基路伯旁有一個輪子，另一個基路伯旁也有一個輪子；輪子的形狀好像水蒼玉石。至於四輪的形狀，都是一個樣式，好像輪中套輪。（以西結書十：9~10）

基路伯的確有四個輪子，又是耶和華的戰車，「雷」無可否認就是基路伯。

當然中國神話裡的「雷神」不可能是天堂裡的耶和華戰車，因為基路伯不只一個，基路伯屬天使位階中的座天使，而讓華胥氏生下伏羲女媧的「雷神」只能是墮落後的基路伯，也就是前文所說曾鎮守伊甸園的基路伯薩摩西爾，它後來卻跟隨守望者首領薩姆亞扎一起墮落。《以西結書》也可引證這則傳說：

你在伊甸——神的園中，佩戴各樣寶石，就是紅寶石、紅碧璽、金剛石、水蒼玉、紅瑪瑙、碧玉、藍寶石、綠寶石、紅玉；你的寶石有黃金的底座，手工精巧，都是在你受造之日預備的。我指定你為受膏的基路伯，看守保護；你在神的聖山上；往來在如火的寶石中。你從受造之日起行為正直，直到後來查出你的不義。你因貿易發達，暴力充斥其中，以致犯罪，所以我污辱你，使你離開神的山。守護者基路伯啊，我已將你從如火的寶石中殲滅。（以西結書二十八：13~16）

圖 48. 基路伯

根據《創世記》的記載，鎮守伊甸園的基路伯薩摩西爾還有另一些特徵：

耶和華神把那人趕出去，就在伊甸園東邊安設基路伯和發出火焰轉動的劍，把守生命樹的道路。（創世記三：24）

當中「發出火焰轉動的劍」不正是代表著閃電嗎？基路伯薩摩西爾有四個輪子，又能發出閃電，完全符合雷神的形象。更重要的是，雷神腳印令華胥氏懷孕生下伏羲女媧，而華胥氏代表著夏娃，而夏娃犯罪吃禁果的地點就是伊甸園，而鎮守伊甸園的基路伯薩摩西爾正代表著雷神！

神農氏炎帝與太陽神

據《國語．晉語四》所載：「昔少典娶於有蟜氏，生黃帝、炎帝。」[285]，故黃帝與炎帝都是少典之後。那少典又是誰？原來少典正是由伏羲與女媧所生的。[286]我們終於有了華夏文明的完整族譜：華胥氏生伏羲與女媧，伏羲與女媧生少典，少典生炎帝與黃帝，而我們就是炎黃子孫！

根據古書《帝王世紀》的記載[287]，炎帝的外型非常獨特：「炎帝神農氏人身牛首。」而這種人身牛首的外型相信是與神農氏的稱號有關，《周書》曾經記載：「神農之時，天雨粟，神農遂耕而種之。」神農氏的時代標誌著人類已開始進入農耕時期，而牛正是農耕時期的代表動物，炎帝神農氏以牛首人身的姿態在神話中出現也變得非常合理。《淮南子．修務篇》記載：「神農嘗百草之滋味。」可見炎帝神農氏既是農業之神，也是醫藥之神，這種雙重身分不禁令人想起埃及的歐西里斯以及相對應的墮落守望者薩姆亞扎，他們都是以傳授農業知識給人類而聞名的。但這種身分的對應是否過於武斷？我們再來看看更多的線索吧。

《白虎通．五行》記載：「炎帝者，太陽也。」所以炎帝的另一個身分就是太陽神。《路史．後記四．蚩尤傳》則記載：「阪泉氏蚩尤，姜姓，炎帝之裔也。」，原來戰神蚩尤正是炎帝的後裔。根據前文分析，蚩尤可對應墮落的守望者亞撒爾，那炎帝必定跟守望者有密切關係，甚至他就是守望者的領袖。

圖 49. 神農氏

我們在討論埃及文明的時候，已提及埃及的農業之神歐西里斯可對應守望者的領袖薩姆亞扎，而其兒子戰神與太陽神荷魯斯則可對應守望者的亞撒爾（教人類製作武器）和薩摩西爾（教人類太陽知識）。現在，擁有太陽神和農業之神身分的神農氏炎帝，其後裔正是戰神蚩尤，這種關係不正是歐西里斯與荷魯斯的翻版嗎？換言之，神農氏炎帝與蚩尤正可對應守望者的領袖薩姆亞扎、亞撒爾和薩摩西爾。更有趣的是，《山海經．大荒西經》曾記載：「有氐人之國，人面魚身。炎帝之孫名曰靈恝，靈恝生氐人，是能上下於天。」原來炎帝的另一後裔氐人，擁有人面魚身，又能上下通天，這不正正就是蘇美爾的半人半魚七聖賢的形象嗎？若果七聖賢能對應氏人，那麼創造七聖賢的蘇美爾水神恩基也就能對應氏人的祖先炎帝。

值得玩味的是，我們在前文談及蘇美爾、埃及和印度文明的時候，已分析了恩基可對應埃及的歐西里斯、守望者的領袖薩姆亞扎以及印度的毗濕奴與梵天，現在又可對應中國的炎帝，可見四大古文明的神話都是互為影響，一脈相成。我並不是說恩基或七聖賢在遠古時來過中國並自稱炎帝，而是一班崇拜恩基或七聖賢的追隨者把他們的信仰先後傳至埃及、印度，最後來到中國。中國的追隨者把這種信仰稱為神農氏炎帝，是一種膜拜農業之神與太陽神的信仰。難道我們中國人就一定是這班反派信仰追隨者的後人？那倒也不一定，正所謂炎黃子孫，即有部分中國人是來自黃帝的後裔。

黃帝與上帝

《太平御覽卷七九》記載：「黃帝之初，養性愛民，不好戰伐。」展現出黃帝愛民如己與好愛和平的性格。

中國神話學大師袁珂在其著作《古神話選釋》中提及「黃帝」在古書經常寫作「皇帝」，即「皇天上帝」，是至高神的意思。[288] 復旦大學歷史系教授楊歡在其著作《中國上古史導論》亦論及「黃帝」是「皇帝」的變字，而古時的「皇帝」本指「上帝」。[289]原來中國人的祖先黃帝就是上帝，難道就是舊約聖經中的耶和華？有趣的是，黃帝也有一個類似耶和華的伊甸園：

「海內崑崙之虛，在西北，帝之下都。」
「開明獸身大類虎而九首，佳人面，東嚮，立崑崙上。」
「開明北有視肉、珠樹、文玉樹、玎琪樹、不死樹。」
《山海經・海內西經》

圖 50. 黃帝

黃帝在世上的帝都位於中原西北方的崑崙山，巧合的是伊甸園正是位於中原的西北方。崑崙山以開明獸鎮守，牠是一隻人頭虎身的神獸，與鎮守伊甸園的人頭獅身基路伯非常相似。而在開明獸以北有不死樹，這不正是伊甸園裡的生命樹的翻版嗎？所以黃帝的確是上帝，是可對應舊約聖經中的耶和華。我並不是說耶和華曾親臨中華大地，而是我認為耶和華的信仰在上古時代曾傳至中國並以「黃帝」的名號出現。換言之，所謂炎黃子孫其實分為兩大上古集團，一個是以信仰農業之神與太陽神的炎帝集團，另一個則以信仰上帝耶和華的黃帝集團。基於爭奪資源或信仰的不同，這兩個集團在歷史上的確經歷多次交戰。根據《山海經》的記載，頭一次交戰史稱阪泉之戰，經此一役後，黃帝集團勢力得以擴張而炎帝集團則逐漸衰弱。及後炎帝集團的分支——蚩尤集團興起，並開始挑戰黃帝集團。最後雙方終於一戰，史稱涿鹿之戰。最終蚩尤集團敗於黃帝集團，而黃帝集團與炎帝集團共同開創了華夏文明。

天體災難與中國文明

中國神話裡有關水神共工和火神祝融爭戰所產生的大洪水，很可能就是對公元前一〇五〇〇年新仙女木期彗星撞擊冰蓋所引發的全球大洪水的一種神話化描述，因為彗星撞擊冰蓋不就是火（火神祝融）與水（水神共工）之爭嗎？幸得女媧煉石補青天才止住這場大洪水，但同時女媧在神話中又跟伏羲坐著大葫蘆避過這場洪災（不同版本的神話存有矛盾之處），這個挪亞方舟的變奏版再次證明女媧的時代就是挪亞的時代或該隱家族的時代。

全球大洪水後出現巴別塔事件，人類開始分散全地。我認為就是在這個時候，部分帶有該隱家族信仰的後人最先來到中國，開啟了所謂的伏羲氏時代。中國神話學大師袁珂更認為伏羲與負責開天闢地的盤古實為同一人[290]，若伏羲氏的確是由帶有該隱家族信仰的後人從中東遷徙至中國，並在中國開墾荒地、建立文明，這種作為「開荒牛」的角色與盤古開天闢地的形象的確是相通的。此後，在中東帶有太陽神信仰及農業知識的後人也來到中國，逐漸開創了神農氏炎帝的時代。最後，帶有正統上帝耶和華信仰的後人也相繼來到中國，興起所謂的軒轅氏黃帝時代。歷史上把伏羲氏、神農氏及軒轅氏統稱為三皇時代。

不少學者都把伏羲氏時代對應考古學上的賈湖文化，神農氏炎帝時代對應裴李崗文化，而軒轅氏黃帝時代則對應仰韶文化。[291]賈湖文化期與裴李崗文化期的活動範圍大概就在河南附近，而仰韶文化期則橫貫河南至陝西一帶。要留意的是，河南與陝西的西北方就是河西走廊，是中原通往西亞的必經之路，所以河西走廊亦是古代絲綢之路的重要一段。我認為古代的三皇集團就是從中東經河西走廊進入中原，而河南與陝西正是位於河西走廊的出口附近，故三皇集團以此地區作為根據地是很合理的。不過，三個文化期當中歷史最久的賈湖文化期，最早也只能追索至公元前七千年，與公元前一〇五〇〇年的全球大洪水及巴別塔事件至少相差三千年，而中原在這三千年間並沒有任何相關的考古遺跡被我們發現，學者稱之為文化斷層。[292]這結論帶出兩個可能性：第一種可能性就是三皇集團之中最早的伏羲氏集團在洪水後要經過三千年才由中東輾轉到達中國中原，並形成所謂的賈湖文化，之後才興起裴李崗文化和仰韶文化。不過這種說法有一個問題，就是古人類即使徒步也不需三千年才由中東遷徙至中原。再者，根據聖經有關巴別塔事件的記載：

於是耶和華使他們從那裡分散在全地上，他們就停工，不做那城了。（創世記十一：8）

似乎人類分散全地的過程是在短時間內完成的。既然這個說法不合理，我們就看看第二種可能性：三皇集團短時間內已到達中原，不過有關的歷史遺跡曾被一個大型天災所毀滅。直至公元前七千年，第二批的三皇集團再次由中東到達中原（事實上在大洪水後應該不斷有人類從中東東遷至中原），我們現在所看見的賈湖文化、裴李崗文化和仰韶文化只不過是天災後才重新建立起來的。究竟是什麼樣的天災竟可把歷史遺蹟完全毀滅？殞石撞擊是頭號嫌疑犯。根據南京大學天文系李旻教授所做的《二零一二背後的天文學》的報告，中國江蘇省的太湖是由一顆巨大的殞石撞擊所形成的，撞擊威力相當於一千萬顆廣島原子彈，所產生的殞石坑直徑約有五百公里，而撞擊年代就是公元前八千年。[293] 因為太湖正好位於中原的東面，我相信就是這次太湖殞石撞擊而把所有中原史前歷史遺跡完全摧毀掉。當第二批的三皇集團於災後再次到達中原，才從殞石的廢墟中慢慢重新建立文明。其實這次殞石撞擊事件也有隱藏在中國神話之中：[294]

大星如虹，下流華渚，女節夢，意感生朱宣。宋均注：「華渚，渚名也。朱宣，少昊氏。」
《春秋元命苞》

少昊屬黃帝時代的神話人物，在少昊出世前曾有一顆大星從天墜落，墜落地點為華渚（古代傳說地名），可惜其位置已不可考。不過大星墜落年代為黃帝時代（首批三皇集團到達中原的年代），跟公元前八千年的太湖殞石撞擊時間吻合。雲南納西族東巴巫師的《創世經文》也有類似的殞石撞擊記錄：

下圖為《創世經文》的臨摹，是我利用小畫家手繪的，跟真跡有九成相似。若讀者想比較真跡，可參考周有光教授所著的《世界文字發展史》第十六頁。作為中國社會科學研究院教授的周有光教授，對各種文字的研究有深厚功力，他在其著作中就曾對《創世經文》這種

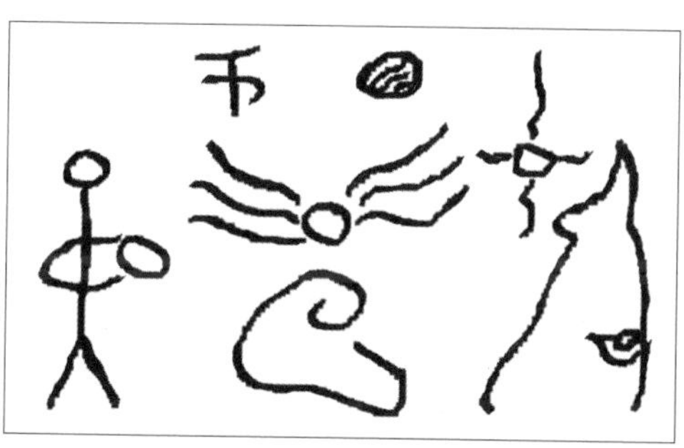

圖 51.《創世經文》的臨摹

形意文字作出翻譯，內容如下：[295]

拋卵在湖中，捲起黑白風。狂浪沖聖卵，卵擊高山峰。一道金光發，天路自此通。

文中的「卵」竟然可以捲起黑白風，可見其體積之大以及速度之高，而在《創世經文》的原圖裡我們也看見這「卵」夾著尾巴從天而降。「一道金光發，天路自此通」更形容這「卵」在撞擊海浪和山峰後所產生的耀眼強光，明顯這是一次遠古的殞石撞擊記錄。雖然文中並未顯示撞擊的年代，但憑《創世經文》本身的名字我們就知道這次撞擊年代就是在文明萌芽之前，很可能就是公元前八千年的太湖殞石撞擊事件。似乎這次撞擊事件並沒有完全滅殺中國的先民，基於撞擊位置是中原東面的太湖，相信部分逃過災劫的先民定必向西南遷移，而位於中原西南的雲南納西族很可能就是這些先民的後裔。的確從血緣上來說，納西族屬於古羌人的分支，而根據《國語・晉語四》所載：「黃帝為姬，炎帝為姜。」[296]即炎帝姓姜，而姜與羌相通，所以古羌人很可能是炎帝之後。

關於古羌人的歷史，著名國學大師饒宗頤教授也有一些看法。饒宗頤教授在其著作《符號、初文與字母——漢字樹》指出在蘇美爾泥板上經常出現一個圖形符號⊕，而⊕在蘇美爾代表羊，其歷史可追朔至公元前九千年。有趣的是，饒教授發現位於中國的青海陰山地區、西藏象雄及四川各地都曾出現⊕的符號，他認為此符號似乎是由中東地區經西亞傳至中國西北地區（即河西走廊一帶），而此地區正是古羌人的活動範圍，因此他相信這地區出現的⊕符號與古羌人有密切關係。[297]換言之，古羌人文化曾受蘇美爾文化的影響，甚至兩者在血緣上可能有關。由此推理，炎帝集團跟蘇美爾文明之間亦存有千絲萬縷的關係，間接印證了炎帝集團是來自中東的移民。

經過公元前八千年太湖殞石撞擊的蹂躪，中原文明霎時間被毀滅，我相信部分首批三皇集團的餘民如前文所說向西南逃難，而另一部分餘民則向北遷徙。及後第二批三皇集團先後從西亞經河西走廊進入中原，並於公元前七千年在河南一帶發展出賈湖文化，公元前六千年則發展出裴李崗文化，直至公元前五千年便發展出仰韶文化。這些文化期之間並非線性關係，而是有相互的重疊期。在仰韶文化的中後段，同期培養出紅山文化、龍山文化以及二里頭文化，當中的紅山文化位於中原的東北方，很可能是由那些向北遷徙的餘民後人所發展出來的。

對於這種百花齊放的格局，北京大學著名考古學家蘇秉琦教授則以「多源一統、滿天星斗」來形容。蘇教授在其著作《滿天星斗：蘇秉琦論遠古中國》指出中國在萬年前出現農業發展後，已分為華南水田稻作農業區、東北旱地粟作農業區以及西北的新疆青藏高原狩獵採集區等三個經濟區域，而這三個經濟區曾先後出現三次的文化融合，然後才出現裴李崗文化及仰韶文化。他認為傳說中的五帝時代可對應龍山文化，而夏朝則可對應二里頭文化。[298]我不斷在深思蘇教授的論點，他所說的華南水田稻作農業區會否就是向西南逃難的餘民所發展？東北旱地粟作農業區就是向北遷徙的餘民傑作？而西北的新疆青藏高原狩獵採集區就是受蘇美爾文明影響的古羌人足跡？如果我的推斷是正確的話，蘇教授所指出萬年前（即公元前八千年）的三大經濟區域，也就是公元前八千年太湖隕石撞擊所導致的文明分佈的考古學證據，這也解釋了導致「多源一統、滿天星斗」格局的因由。

關於「多源一統」，蘇教授進一步指出在距今四千年左右，華夏與東夷的互為消長並形成所謂的夷夏共同體，是體現「多源一統」最明顯的階段。[299] 換言之，在紅山文化、龍山文化以及二里頭文化的重疊期裡，除了有三皇五帝後人所建立的華夏文明之外，還有一個東夷集團。東夷集團本身有另一個神話系統，透過了解相關的神話，我們可以看見東夷集團與華夏文明之間存有密不可分的關係。

帝俊與太陽神

帝俊是東夷人的天帝，地位等同華夏的黃帝，是東夷的至高神。神話學大師袁珂研究「俊」的甲骨文，發現是鳥頭人身的形狀，故他認為帝俊擁有鳥頭人身的外貌。[300]「鳥頭人身」讓我頓時想起蘇美爾的七聖賢及埃及的荷魯斯，他們也是鳥頭人身的外形，難道帝俊與七聖賢或荷魯斯有關嗎？我們先看看有關帝俊的其他資料：

有人三身，帝俊妻娥皇，生此三身之國。

《山海經．大荒南經》

有女子名曰羲和，方浴日於甘淵。羲和者，帝俊之妻，生十日。

《山海經・大荒南經》

有女子方浴月，帝俊妻常羲，生月十有二，此始浴之。

《山海經・大荒西經》

原來帝俊有三個妻子，娥皇生了三身國，羲和生了十個太陽，而常羲則生了十二個月亮。根據《春秋元命苞》的記載：「日中有三足烏」，而《赤烏頌》亦云：「赫赫赤烏，惟日之精。」。因此在東夷文化裡，太陽可化作三足烏或金烏，而羲和所生下的既是十個太陽又是十隻三足烏。據《山海經・海外東經》及《楚辭・離騷》記載，羲和安排十個太陽孩子輪流當值，每人一天。不需當值的其他太陽孩子（或三足烏）就會安排到黑齒國以北的扶桑巨樹上玩耍。然後羲和親自帶著當值的太陽孩子登上六龍的太陽車橫越天際。[301] 既然羲和是帝俊之妻，那帝俊就是太陽之父。帝俊與太陽的關係，再次令人聯想起埃及的太陽神荷魯斯。帝俊還有一個非人類的朋友：

有五彩之鳥，相鄉棄沙，惟帝俊下友。《山海經・大荒東經》

帝俊這隻好朋友五彩鳥，其實就是傳說中的鳳凰。[302] 巧合的是，埃及神話裡也有一隻貝努鳥，就是希臘人所說的鳳凰的原型，是埃及太陽神拉的化身。[303] 帝俊、鳳凰與太陽的關係的確內人尋味，難道帝俊也是太陽神的化身？這個說法不是毫無道理，我們先看看以下的理據：

有黑齒之國，帝俊生黑齒，姜姓，黍食，使四鳥。《山海經・大荒東經》

復旦大學歷史系楊寬教授曾在其著作《中國上古史導論》引述清末民初的史學家章炳麟《檢論》卷二《尊史》的分析，基於帝俊所生的黑齒國之人是姓姜，與炎帝同姓，故黑齒國之人定必是炎帝之後。換言之，帝俊即炎帝。[304] 原來東夷集團的至高神就是華夏的炎帝，可見東夷集團與華夏集團之間曾經進行過多次的文化交流，甚至在血緣上可能是近親。前文已分析過，公元前八千年太湖殞石撞擊所導致的逃難潮，使原本的中原文明分為三個經濟區，當中位於東北旱地粟作農業區的餘民就是東夷集團的主要成員，其中混合了不少炎帝集團的難民。相信就是這些難民把他們心中崇拜的炎帝重新打造，逐漸形成一種新的東夷神話體系。

帝嚳與太陽神

帝嚳也是東夷神話裡的天帝，他有四位妻子：

> 元妃有邰氏之女，曰姜嫄，是生后稷。
> 次妃娀氏之女，曰簡狄，而生契。
> 次妃陳鋒氏之女，曰慶都，生帝堯。
> 次妃娵訾氏之女，曰常儀，生帝摯。
> 《世本》陳其榮增訂本

帝嚳的正室是姜嫄，姜嫄之所以會生下后稷，原來背後有個小插曲。根據《史記．周本紀》記載，姜嫄某天到郊野去玩，看到一個巨人留下的腳印，她覺得很有趣，便用自己的腳踩上去。一踩之下，她就感到自己懷了身孕，後來便生下后稷。后稷往後傳了十四代，傳到了姬昌，而姬昌就是周朝的周文王。[305]既然后稷是由帝嚳與姜嫄所生，相信那個巨人腳印就是由天帝帝嚳所留下的。換言之，帝嚳本身就是一個巨人，也是周朝人民的祖先。

帝嚳另一妻子簡狄，她在生下契之前也有一段小故事。根據《呂氏春秋．音初》及《史記．殷本紀》記載，簡狄與妹妹是一對漂亮的姐妹，天帝帝嚳對他們產生興趣，便派一隻燕子去看他們。姐妹看見燕子便想把它捉下來，可惜燕子飛走了，但卻留下兩枚燕子蛋。姐姐簡狄把其中一枚吞下了，於是感孕生下契，契往下傳了十三代，傳到了成湯，成湯最終建立了商朝。因此《詩經．商頌．玄鳥》也記載：「天命玄鳥，降而生商。」[306]可見殷商與玄鳥的關係密切，而殷商就是東夷的另一名稱。

帝嚳有一妻子，跟帝俊之妻羲和一樣，生下了太陽孩子：

妃常夢吞日，則生一子，凡經八夢，則生八子，世謂為八神，亦為八翌。《拾遺記》第一卷

妻子夢見自己吞下太陽，便生了一子。經過八次這樣的夢境，她便生了八個孩子，也是八個太陽，因為「翌」就是太陽之意。原來帝嚳也是太陽之父，難道他跟帝俊有什麼密切關係？神話大師袁珂曾引《帝王世紀》中的「帝嚳生而神異，自言其名曰俊」，即帝嚳自稱帝俊。再者，帝嚳其中一個妻子叫常儀，跟帝俊之妻常羲是相通的，故帝嚳即帝俊。[307] 復旦大學歷史系楊寬教授也指出帝俊生后稷，而帝嚳第二妻也生后稷，無疑帝嚳就是帝俊。[308] 帝嚳等同帝俊，也等同炎帝，都是太陽神的化身。我們可以說東夷（殷商）就是崇拜太陽的集團，也是崇拜神鳥（玄鳥）的民族，因為帝俊本身就是鳥頭人身，是太陽之父或太陽神，而太陽又可化作三足鳥，這種太陽與鳥的關係，可說是埃及太陽神拉與貝努鳥的變奏版。相比之下，中國的帝嚳、帝俊或炎帝，可能只是蘇美爾的七聖賢或埃及的荷魯斯的另一化身。

中國星宿與西方星座之對應

中國的星宮分佈有別於西方的星座系統，隋唐時期的《丹元子步天歌》已把全天星宮分為三垣二十八宿。所謂「垣」即城牆，三垣分別為紫微垣、太微垣及天市垣；二十八宿按東南西北分四組，每組七宿，東方七宿為蒼龍，北方七宿為玄武，西方七宿為白虎，南方七宿為朱雀。[309] 三垣二十八宿的內容都是來自日常生活甚至皇宮裡的人物或事物，東漢的張衡也說過：「星也者，體生於地，精成於天。」意即星宿和地上的萬物本為一體，萬物存在於地上，而精在天上成為星。[310] 這種天地對應的文化，我們已從埃及的金字塔、獅身人面像以及柬埔寨的吳哥窟上看到。現在先讓我們來看看帝嚳的兩個兒子，他們都與星宿有密切關係：

> 昔高辛氏有二子，伯曰閼伯，季曰實沈，居於曠林，不相能也，日尋干戈，以相征討。后帝不臧，遷閼伯於商丘，主辰，商人是因，故辰為商星。遷實沈於大夏，主參，唐人是因，以服事夏商。
>
> 《左傳・昭公元年》

高辛氏即帝嚳，其二子分別為閼伯與實沈。由於閼伯與實沈經常打交吵架，帝嚳便安排閼伯到商丘，主管商星，即西方天蠍座的心宿二；而實沈被安排到大夏，主管參星，即西方獵戶座腰帶上的三星。巧合的是，在希臘神話裡就是天后赫拉派出的蠍子咬了巨人歐里昂一腳，使其毒發身亡而升上天空成為獵戶座，而蠍子因立下大功而升格為天蠍座。閼伯與實沈之爭可媲美天蠍座與獵戶座的恩怨。

實沈所主管的參星（獵戶座三星），屬於參宿，其與觜宿在中國星宮裡構成白虎形象。《史記・天文官》記載：「參為白虎，觜為虎首。」原來這個天上的白虎與打鬥或軍事有關，甚至古人把參宿七星對應七位大將軍。[311]

無獨有偶，希臘神話裡的獵戶座正是一位英勇的獵人，埃及的歐西里斯也對應獵戶座，而歐西里斯的兒子正是戰神荷魯斯，可見參星在希臘、埃及與中國文化當中都與軍事有關。再者，我們曾分析過歐西里斯可對應守望者的首領薩姆亞扎，實沈所駐守的大夏位於現今的山西，因此古山西人有拜參星的習俗[312]，這種習俗背後是否跟紀念薩姆亞扎有關？我這樣說並非盲猜，因為山西正位於仰韶文化的範圍裡，受夷夏共同體文化的深遠影響，而東夷系的實沈正是炎帝之後。在前文已說過炎帝集團的信仰很可能來自蘇美爾的七聖賢，而創造七聖賢的水神恩基正是薩姆亞扎在蘇美爾的化身。古埃及人以獵戶座三星來紀念歐西里斯，而中國古山西人卻以參星紀念炎帝之後實沈，兩者都跟紀念薩姆亞扎有密切關聯。

至於帝嚳另一兒子閼伯所主管的商星（天蠍座），屬於心宿，《史記·天官書》解釋商星代表天王[313]，套用在東夷文化即代表炎帝。心宿附近有另一星宿稱為房宿，其意義為一架由四匹馬拉動的戰車。房宿之中有一星剛好位於黃道（太陽的路徑）上，稱為「日」，代表太陽的精華[314]，也可視為炎帝的化身。「日」星位於房宿中央，如同戰車載著太陽橫越天際，跟希臘神話中太陽神赫利奧斯在空中駕著四馬金車非常相似。

眼厲的讀者也許會發現「日」星與房宿的太陽戰車形象，與東夷神話中羲和帶著太陽孩子登上六龍的太陽車異常相似，兩者有關係嗎？的確有。羲和是帝俊之妻，而帝俊即炎帝，羲和的太陽兒子也就是炎帝之後，而炎帝又與「日」星有關，所以羲和神話跟「日」星與房宿的關係的確非淺。另外，炎帝集團的信仰來自蘇美爾的七聖賢，而七聖賢卻是對應洪水前教導該憶家族神秘知識的守望者。守望者當中的薩摩西爾教人類太陽知識，他在墮落前屬天使中的基路伯，其形象正是一架神的戰車，所以我認為炎帝可直接對應薩摩西爾，其代表星宿正是「日」星與房宿。有趣的是，代表炎帝的心宿與房宿正位於西方的天蠍座，而位於天市右垣中代表巴蜀之地的「巴」星與「蜀」星同是位於西方的巨蛇座[315]，蠍子和蛇在《聖經》中都與邪惡勢力有關：

耶穌就對他們說：我曾看見撒旦從天上墜落，像閃電一樣。我已經給你們權柄，可以踐踏蛇和蠍子，又勝過仇敵一切的能力，斷沒有什麼能害你們。（路加福音十：18～19）

的確，炎帝或薩摩西爾正是背叛上帝的守望者，他們跟撒旦勾結，與蛇和蠍子同類。不過，星空中也存有正義力量，中國星宮裡代表黃帝的「軒轅」正是位於西方的獅子座，而獅子跟耶穌所來自的猶大支派也有關：

猶大是個小獅子；我兒阿，你抓了食便上去；你屈下身去，臥如公獅。（創世記四十九：9）

西方的獅子座正是前腿屈下去的半臥公獅，與經文吻合。而且獅子正是耶穌的代號之一：

長老中有一位對我說，不要哭；看哪，猶大支派中的獅子，大衛的根，祂已得勝，能以展開那書卷，揭開牠的七印。（啟示錄五：5）

「軒轅黃帝」透過獅子座與耶穌連上，而耶穌正是上帝之子，這完全符合我前文的結論：黃帝集團是信仰上帝的集團，它跟太陽崇拜的炎帝集團是互相對立的。

巴蜀文化與神秘三星堆

中國裡最神秘的古文明遺跡要算位於四川成都平原上的三星堆遺跡，它與蘇美爾文明卻又存有神秘的關聯，但若要了解三星堆的來龍去脈，我們必先從巴蜀文化入手。所謂「巴蜀」，分為古代的巴國及古蜀國。巴國人的始祖為巴務相，其祖先可追索至東方青帝太皞：

西南有巴國。太皞生咸鳥，咸鳥生乘厘，乘厘生后照。《山海經．海內經》

后照生務相，降處於巴，是生巴人。《路史．后紀一．禪通紀》

那太皞又是誰？在東夷神話裡，太皞掌管東方的日出之地，此地長有一珠神樹：

東至日出之次，扶榑木之地，青土樹木之野，太皞、句芒之所司者萬二千里。《淮南鴻烈解》

當中的扶榑木亦即扶桑樹，也就是羲和的十個太陽孩子的棲息之處，所以太皞掌管的正是崇日的民族。太皞有一助手稱為句芒，他的外表也相當奇特：

東方句芒，鳥身人面，乘兩龍。《山海經．海外東經》

句芒鳥身人面的外形跟蘇美爾七聖賢的鳥面人身剛好相反，不過二者都是人與鳥的合體。換言之，太皞掌管的東夷民族既崇日又拜鳥，經常以鳥作圖騰。太皞與太陽的關係令我想起東夷天帝帝俊，而根據楊寬教授在其《中國上古史導論》的分析，太皞即帝俊。[316]太皞與帝俊只是太陽神炎帝的化身，難怪太皞掌管的日出之地長有扶桑樹，因扶桑樹也就是帝俊之妻羲和與十個太陽孩子的休憩之處。簡而言之，巴國人的祖先就是太陽神炎帝，對應守望者的薩摩西爾。

至於古蜀國，其始祖為蠶叢、柏濩及魚鳧：

> 蜀之為國，肇自人皇，其始蠶叢、柏濩、魚鳧，各數百歲。號蜀山氏。《路史・前紀四・因提紀》

這裡所說的數百歲，相信並非指人皇的真實壽命，而是古蜀人以蠶叢、柏濩及魚鳧的名號各自統治了數百年。他們自稱為蜀山氏，根據四川大學考古系教授范勇的分析，所謂的蜀山氏亦即放養蠶蟲的有縉氏山民。[317]事實上，《仙傳拾遺》也提到蠶叢教人蠶桑[318]，而「蜀」字的甲骨文為，其可分拆為（觀看）及（蠶蟲），表示關注蠶蟲。[319]既然蜀山氏為養蠶的有縉氏，那又何謂有縉氏？原來「縉」意為蠶絲，所以有縉氏即為養蠶製絲的部族，其祖居地為山東地區[320]，是帝舜之後人。[321]根據楊寬教授在《中國上古史導論》的分析，帝舜是帝俊的化身，其真實身分是東夷的上帝[322]，亦即炎帝。歸根究底，古蜀人的祖先最早可追索至太陽神炎帝，是守望者薩摩西爾在中國的化身。

以上只是從神話角度去分析巴蜀文化的由來，若我們跳出神話，走進真實歷史，會發現三星堆文明的發展要比神話複雜得多。對三星堆文明有深入研究的四川大學考古系范勇教授，他在其《解謎三星堆：開啟中華文明之門》指出，距今四千一百年前，位於中原的華夏集團與江漢地區的三苗集團因宗教信仰之不同而引發衝突，在首次衝突之中三苗集團敗於華夏集團，並皈依華夏族，稱為旁支夏人。為了避免部分還未皈依華夏族的三苗重新起來造反，華夏集團提出一個浩大的遷徙計劃：

遷三苗於三危，以變西戎。《史記．五帝本紀》

把三苗集團遷徙至西北方的三危山，使其遠離中原，避免了日後三苗作反的可能。[323] 大家有否想過為何華夏集團如此害怕三苗集團？皆因三苗身世顯赫：

三苗復九黎之德。《國語．楚語下》

三苗之所以會恢復九黎的傳統，因為三苗就是九黎的後人。那九黎又有多厲害？

九黎，蚩尤之徒也。《國語．楚語》

原來九黎的首領就是戰神蚩尤，難怪華夏集團也忌三苗集團三分。當年蚩尤帶領九黎部落在涿鹿大戰黃帝集團，戰敗後蚩尤被殺，而部分九黎餘民逃至江漢流域形成三苗集團。[324]

> 阪泉氏蚩尤，姜姓，炎帝之裔也。《路史・後記四・蚩尤傳》

九黎以蚩尤為首，而蚩尤卻是炎帝之後。換言之，三苗的祖先就是太陽神炎帝。話說回來，為了迫使三苗集團遷徙至西北方的三危山，華夏集團召集了姻親部落，也就是來自山東的有繒氏，一同結盟再次大戰三苗，三苗不敵聯盟大軍，部分向南逃至廣西等地區，形成現今苗瑤族的祖先；另一部分被聯盟包圍的三苗族，被迫向西遷移，有繒氏及旁支夏人負責這次西遷三危山的押解過程。三危山位於現今青海省河南蒙古自治縣，這一帶正是古羌人聚集的地方，范勇教授認為三苗、有繒氏及旁支夏人與古羌人在三危山地區難免有通婚混血的情況。我們在前文已分析過，古羌人是炎帝之後，甚至饒宗頤教授認為古羌人曾受蘇美爾文化的影響。簡而言之，三苗、有繒氏、旁支夏人以及古羌人都是炎帝之後人，范勇教授所指的三危山通婚混血，說穿了只是炎帝後人之間的混血，混來混去都只不過是炎帝的血脈。

三危山地區並不宜久居，因此地在四千年前經常發生地震及山洪暴發的天災，居於此地的三苗、有繒氏及旁支夏人所組成的聯合族群早有離開的打算。最早的一批通過白龍江流域沿岷江南下，到達成都平原。不過平原上一早住著大量寶墩文化的土著，聯合族群為了自我保護，他們在平原上興建城堡，史稱魚鳧古城。他們之所以叫魚鳧族，因為他們利用魚鳧協助捕魚。不久，另一批聯合族群部隊來到平原上的廣漢地區，也就是現在三星堆的位置，他們是魚鳧族的另一分支。及後，聯合族群中的一支旁支夏人來到成都平原邊緣的都江堰山區定居，稱為柏灌族，他們以農業為主。另外距今三千七百年，在西遷押解的過程中，部分有緡氏及旁支夏人定居在甘肅與青海等的河西走廊一帶。同一時期，位於中東的蘇美爾亡國，蘇美爾人從此銷聲匿跡。范勇教授認為部分蘇美爾人因此逃亡至河西走廊地區，並很可能跟當地的有緡氏及旁支夏人通婚混血，而這個混有蘇美爾血統的族群最後也南下到達成都平原，以養蠶起家，他們就是蠶叢族。蠶叢族與魚鳧族及柏灌族結盟，就是這個混有太陽神炎帝與蘇美爾血統的複雜族群在成都平原上逐漸發展出三星堆青銅文明。[325]

三星堆的青銅文明與中東文化

三星堆是位於中國四川省廣漢市的一個古代遺址，被認為是新石器時代晚期至青銅時代早期（公元前一二〇〇年至公元前一〇〇〇年）的文明中心。這個遺址被認為是古蜀文明的一部分，是中國西南地區最早的文明之一。三星堆文化以其獨特的藝術和雕刻

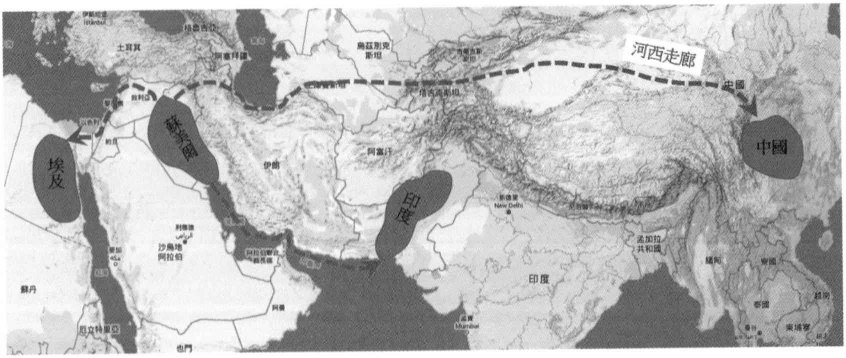

圖 52. 蘇美爾文化經河西走廊傳至中國

而聞名。在遺址中發現的文物包括大量的青銅器、玉器、象牙器和金器，它們展示了高度發達的藝術和工藝技術。特別值得注意的是，三星堆文化的藝術風格十分獨特，具有強烈的神秘和象徵意義，常常描繪出人類面孔和神祇形象，例如神秘的巨人和神祇面具。三星堆出土了大量精美的青銅器，其中包括青銅人像、青銅面具、青銅器鼎和器盆等。這些青銅器的藝術風格獨特，常常表現出夸張的眼睛、耳朵和嘴巴，並帶有神秘的符號和紋飾。這些青銅器的製作技術在當時是非常先進的，顯示出了古蜀文明的高度發展。三星堆青銅雕像的藝術文化，跟中原文化有很大出入，反而跟外域文化卻有相似之處。早在公元前三千年，蘇美爾地區已有青銅雕像出土，例如在烏爾發現青銅人頭像，在尼尼微亦發現薩爾貢一世的青銅雕像。考古學家在埃及亦發現第六王朝法老佩比一世的青銅像，而在印度古城摩亨佐達羅亦有青銅舞女像的出土[326]，這一一都證明三星堆的青銅文明是深受外來文化的影響。

青銅縱目面具

在云云三星堆出土的青銅雕像中，最引人注目的要算是「青銅縱目面具」：雙眼呈柱狀向外凸出，還有一對大大的耳朵向伸展，首次看見的人定必在心中萌生外星人的念頭。當然他不是什麼奇異外星物種，他其實就是古蜀王蠶叢。

有蜀侯蠶叢，其目縱，始稱王。《華陽國志・蜀志》

這裡說得很清楚，蠶叢擁有縱目，所以「青銅縱目面具」就是蠶叢的青銅人頭像，當然其中必有誇大成分，否則外貌相當恐怖。誇大的柱狀縱目，明顯是要強調眼睛的重要性，是一種眼睛崇拜。此外，誇大的縱目可能代表「注視」，因為蠶叢來自養蠶的有緡氏，而他們的根據地蜀山的「蜀」則代表「注視蠶蟲」，所以「縱目」與養蠶有關，甚至可能是要模仿蠶蟲變成蠶蛾後在頭部長出的觸角。

青銅神樹

三星堆第二件令人印象深刻的青銅器莫過於「青銅神樹」，此樹高三點八四米，有九根樹枝、二十七個果實，而每根樹枝上有一隻神鳥，合共九隻。大家對「一樹九鳥」有何印象？沒錯，就是羲和與十個太陽孩子的神話。每當羲和親自帶著當值的太陽孩子登上太陽車橫越天際之時，其餘的九個太陽孩子就會在黑齒國以北的扶桑巨樹上玩耍。而太陽又可化作三足鳥，所以羲和的九個太陽孩子會以三足鳥的形象站在扶桑樹上，完全吻合三星堆「青銅神樹」的佈局。因此「青銅神樹」很可能就是扶桑樹的雕像，九隻神鳥就是九個太陽的化身，是一種太陽崇拜的象徵。這也不難理解，因為負責創建三星堆文明的蠶叢族、魚鳧族及柏灌族，他們的血緣都可追索至太陽神炎帝，他們崇拜太陽

圖 53. 青銅縱目面具

圖 54. 蠶蛾

也就是崇拜炎帝，二者無異。而且羲和正正是炎帝（帝俊）之妻，九個太陽孩子也就是炎帝之子，所以「青銅神樹」就是炎帝家族的象徵。

「青銅神樹」除了代表扶桑樹外，亦可能同時代表另一珠神樹：

> **名曰建木，百仞無枝，有九欘，下有九枸，其實如麻，其葉如芒，太皞爰過，黃帝所為。**
>
> **《山海經．海內經》**

世上有另一珠神樹，名叫建木，它有九根分枝，長有果實，完全跟「青銅神樹」的九枝廿七果相同。連太皞也到過建木一遊，因為建木神樹有一個神奇功能：

> **建木在都曠，眾帝所自上下。日中無景，呼而無響，蓋天地之中也。**
>
> **《淮南鴻烈解》卷四《地形訓》**

原來太皞就是透過建木往返天庭與人間，它是一珠通天神樹，是一種神奇天梯。據前文分析，太皞就是炎帝的化身，而炎帝對應的就是墮落後的守望者薩摩西爾，似乎這班守望者的後人（炎帝集團之後裔）希望透過建木直達天堂，情況如同巴別塔一樣。建木生長在大地中央的都曠之野上，究竟其確實位置在哪裡？據神話大師袁珂的考證，建木的都曠之野位於成都平原[327]，也就是三星堆的位置。換言之，炎帝以及其後裔古蜀人的巫師就是利用三星堆上的建木來達到通天的境界。不過中國神話學會副秘書長蔡大成認為所謂的建木只不過是大麻，古蜀巫師因服食了大麻而產生通天的幻覺。[328] 由此看來，三星堆出土的「青銅神樹」的確是建木的實體呈現，或可以說它是扶桑與建木的合體版，集太陽崇拜與通天功能為一身的神樹。

有趣的是，若大家把「青銅神樹」對比蘇美爾的浮雕，會發現浮雕裡的聖樹跟「青銅神樹」有高度的相似性，所以古蜀人的神樹崇拜說不定是繼承自蘇美爾文化。

青銅立人像

「青銅立人像」高達二點六二米，重達一百八十公斤，最奇特的是其不合比例的身形，身體瘦削而雙臂異常粗壯。兩手掌各自捲曲成圓形，但兩圓中心非呈一直線，有學者認為此設計有利放置和展示象牙。[329] 的確，考古學家在三星堆二號祭祀坑裡已發現六十多根亞洲象象牙 [330]，所以說「青銅立人像」原本手上持有象牙並非毫無根據。「青銅立人像」身穿華麗的袍服，並站在精緻的座壇上，顯示出其高崇的地位，所以不少學者認

圖 55. 青銅神樹

圖 56.　蘇美爾聖樹浮雕

為它的真正身分是一位巫師。[331]或許像「青銅立人像」這類的古蜀巫師就是站在長有建木的三星堆位置上，利用「青銅神樹」來達成通天的巫術儀式。

不過值得留意的是，「青銅立人像」的衣服呈「左衽」設計，即上衣的右片壓著左片，在身體的左側開口，原來這種設計也有因由：

> 蜀王之先名蠶叢……是時人萌，椎髻左衽。《蜀王本紀》

原來蜀王蠶叢的服飾也是「左衽」，似乎「青銅立人像」隸屬蠶叢族的可能相當高。這種「左衽」設計與中原的「右衽」相反[332]，再次證明三星堆文明定必曾經深受外來文化之影響。

圖 57. 青銅立人像

黃金面罩

三星堆出土了為數不少戴有黃金面罩的青銅頭像，這是中原文化所缺少的。反而我們在埃及文明裡發現不少以黃金鑄造的面具，例如收藏於埃及博物館的圖坦卡門木乃伊黃金面具。

圖坦卡門是古埃及新王國時期第十八王朝的法老，原名「圖坦卡頓」，意思是「阿頓的形象」[333]，而「阿頓」正是埃及的太陽神。圖坦卡門的木乃伊黃金面具也可視作太陽崇拜的象徵，對比下三星堆的黃金面罩也有類似的喻意，因為古蜀人正是太陽神炎帝之後裔。雖然三星堆黃金面罩與圖坦卡門黃金面具在外形上不盡相同，但我們也不能排除三星堆文明與埃及文明之間有任何關聯。

青銅大鳥頭

三星堆除了人形青銅像之外，亦出土了眾多青銅鳥像，其中最大型的是「青銅大鳥頭」。要知道古蜀人原是三苗、有緡氏及旁支夏人的後人，他們都屬東夷族系，一直都有拜鳥的習俗，甚至以鳥作圖騰，所以東夷又稱鳥夷。在前文已討論過，東夷之所以拜鳥，皆因「天命玄鳥，降而生商。」因吃了玄鳥蛋而生下商（東夷）的祖先的簡狄，正是帝嚳之妻，亦即炎帝之妻。再加上炎帝的另一化身帝俊，具有鳥頭人身的外形，作為炎帝之後的東夷族或古

圖 59. 圖坦卡門黃金面具

圖 58. 三星堆黃金面罩

蜀人，自然對鳥有特別的崇敬之心。故此，古蜀人中的魚鳧族及柏灌族都是以鳥作圖騰，「青銅大鳥頭」只是這種鳥崇拜的另一例子。再者，炎帝為太陽神，而太陽又可化作三足鳥，說到底鳥崇拜也是太陽崇拜。

圖 60. 青銅大鳥頭

青銅太陽輪

外表像方向盤的「青銅太陽輪」，專家對其功能一直議論紛紛，有的說是車輪，有的說是太陽輪。[334] 對我來說，兩者都有可能。首先，我們已知道古蜀人來自太陽神炎帝的苗裔，可以肯定他們是太陽的崇拜者，所以製作「青銅太陽輪」來膜拜是相當合理。況且，太陽神炎帝正對應守望者的薩摩西爾，而薩摩西爾則對應蘇美爾太陽神沙瑪什，若把沙瑪什的太陽符號 [335] 對比「青銅太陽輪」，兩者異常相似，再次顯示三星堆文明可能曾受蘇美爾文化的薰陶。

圖 61. 青銅太陽輪

圖 62. 沙瑪什

另外，對應炎帝的薩摩西爾，我們在前文已分析過他原是天使中的基路伯：

這些基路伯的旁邊有四個輪子。一個基路伯旁有一個輪子，另一個基路伯旁也有一個輪子；輪子的形狀好像水蒼玉石。至於四輪的形狀，都是一個樣式，好像輪中套輪。（以西結書十：9～10）

因此基路伯薩摩西爾本身就有輪子的結構，所以說「青銅太陽輪」為車輪也未嘗沒有道理，只不過它不是真正載貨用的車輪，而是模仿薩摩西爾或炎帝來作為膜拜對象。

金杖

三星堆出土的「金杖」，其表面刻有魚及鳥的圖案，皆因魚鳧族及柏灌族都以捕魚為生，並以鳥作圖騰。重點在於「金杖」的用途，學者對此還未有定論。最常聽說的就是權杖論，但若「金杖」真的作為權杖之用，這與中原文化相去甚遠。正所謂問鼎中原，就是指中原文化一直以鼎作為權力象徵，如果三星堆「金杖」為權杖的話，其淵源可能來自蘇美爾或埃及文明。由於年代久遠，三星堆「金杖」出土時，其木質結構已經腐化，只剩下外表的金箔結構，所以曾有人認為「金杖」不是杖，而是金帶[336]，即金箔原先包著的不是木棍，而是繩子。原來蘇美爾曾出現包金繩子的記載：距今四千年前的烏爾第三王朝統治者烏爾納姆，他在修建一座神廟之前，就是拿著一根測量杆和包金箔的繩子來進行測量工作。[337]那麼三星堆的古蜀巫師會否也是拿著類似的包金箔的繩子來到祭壇面前作測量工作呢？如果屬實的話，「金杖」就是蘇美爾文明影響三星堆文明的重要證據。話說回來，如果「金杖」原先真的包著木棍而又作為權杖之用，那麼它跟埃及文明的關係就不可忽視了。早於公元前四千五年的埃及前王朝時期已開始使用權杖，而在公元前四千三百年開始，蘇美爾地區也陸續使用權杖作為王權象徵[338]，兩者的年代都比三星堆文明早上二千年，三星堆「金杖」的確有可能是從蘇美爾或埃及文明傳入的。

除了外來傳入外，我認為三星堆「金杖」與中國神話中的夸父可能有關：

> 夸父與日逐走，入日。渴欲得飲，飲於河、渭。河、渭不足，北飲大澤。未至，道渴而死。棄其杖，化為鄧林（桃林）。《山海經・外北經》

「夸」意為巨大，「父」意為男子，所以夸父就是指男性的巨人。夸父曾經立志追趕太陽，不過半途因渴而死，並遺棄手中的手杖，手杖最後化作桃林。這就是著名的夸父追日，是太陽崇拜的神話。作為太陽崇拜者的古蜀人，自然對追趕太陽的夸父有三分的敬意，三星堆「金杖」會否就是用來紀念夸父手中的手杖而製作的呢？我並非對號入座，因為我發現夸父與古蜀人可能有血緣上的關係：

> 大荒之中，有山名曰成都載天。有人珥兩黃蛇，把兩黃蛇，名曰夸父。后土生信，信生夸父。《山海經・大荒北經》

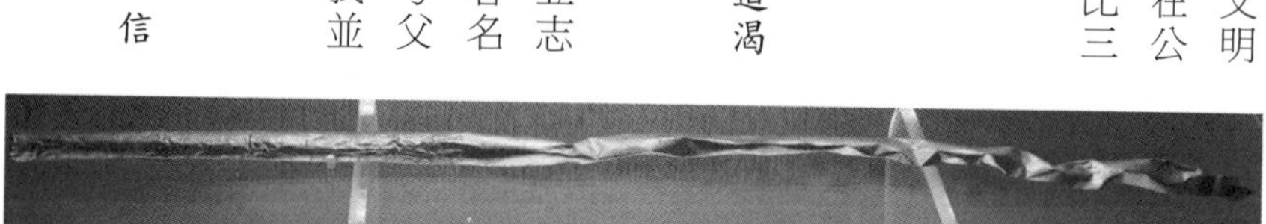

圖 63. 金杖

夸父的祖先為后土，那后土的祖先又是誰？

共工氏有子曰句龍，為后土。《左傳・昭公二十九年》

原來后土是共工的後代，那共工又是誰的後裔？

炎帝之妻，赤水之子聽訞生炎居，炎居生節並，節並生戲器，戲器生祝融，祝融降處於江水，生共工。《山海經・海內經》

共工就是炎帝之後。換言之，夸父也是太陽神炎帝的後裔，跟古蜀人是同宗的。既然是自己人，古蜀人以三星堆「金杖」來紀念夸父也未嘗沒有可能。至於夸父追日的原因，《山海經》沒有解釋，反而作為三苗之後的苗族有一種說法：夸父是太陽觀測者，是太陽曆的製定者，追日的真正意義是仰觀天文，觀測太陽。[339] 夸父是太陽神炎帝之後，而炎帝正是對應守望者當中曾教導人類太陽知識的薩摩西爾，所謂的太陽知識也許已包含製定太陽曆的方法，夸父的曆法知識相信是承傳自炎帝。根據中國社會科學院的考古專家考證，夸父的確是中國最早的太陽觀測者，夸父的手杖其實是用來測量日影定四季，從而有利農耕作業。他們甚至指出夸父就是峨嵋山上一個夸父族的首領。[340] 若此屬實，三星堆「金杖」也可能是測量日影的工具，只是我們一廂情願地把它看作為權杖罷了。

另外，這裡有兩個疑問，第一就是為何社科院的專家會把夸父看成是一個夸父族的首領？難道有多過一個夸父？沒錯。我們在前文已探討過，負責追日的夸父是死於缺水，但《山海經．大荒北經》又記載：「應龍已殺蚩尤，又殺夸父。」蚩尤是在涿鹿之戰被黃帝所派的應龍所殺，似乎夸父亦參與其中，最終亦死於應龍之手，故此參與涿鹿之戰的夸父並非追日的夸父，夸父只是一個巨人族的統稱。第二個疑問是為何夸父的根據地位於峨嵋山？峨嵋山位於四川成都平原西南的邊緣上，正符合《山海經．大荒北經》所說「山名曰成都載天」。成都平原屬於巴蜀地區，而「巴」在《說文解字》中解作大蛇[341]，所以巴蜀地區自古以來都是多蛇之地，也符合《山海經．大荒北經》所說「有人珥兩黃蛇，把兩黃蛇，名曰夸父。」巧合的是，巴蜀地區在中國星宮中位於天市垣的天市右垣[342]，對應西方的巨蛇座，可見巴蜀與蛇的微妙關係。簡而言之，夸父出身於成都平原的峨嵋山，跟成都平原上的三星堆相當接近，這就大大提高了三星堆「金杖」是用來紀念夸父手杖的可能性。

青銅人身形器

「青銅人身形器」是三星堆中另一奇特青銅器，外形如同一個無頭的人體，上身穿有鳥刻紋的衣服，符合古蜀人崇拜鳥類的習俗。「青銅人身形器」的腳部瘦削，並無腳掌，其用途仍是一個謎。不過，這種無頭人體讓我想起中國神話中的刑天：

> 刑天與帝爭神，帝斷其首，葬之常羊之山，乃以乳為目，以臍為口，操干戚以舞。
>
> 《山海經．海外西經》

當年刑天與黃帝爭鬥，最終被黃帝斬首，其頭顱被葬於常羊山。被斬首後的刑天並沒死去，反以其雙乳為眼，以肚臍為口，手拿斧及盾，向天空猛劈狠砍。至於為何刑天會跟黃帝大戰？原來內有文章：

神農乃命刑天作《扶犁》之樂、制《豐年》之咏。《路史・後紀三》

原來刑天乃是太陽神炎帝（神農氏）的屬臣，負責創作《扶犁曲》、《豐年詞》等詩曲。由此推理，當年炎帝在阪泉之戰敗於黃帝之後，炎帝的後裔如蚩尤和夸父族再次起來反抗，誓要為炎帝報一戰之仇，於是在涿鹿再與黃帝決戰，相信作為炎帝屬臣的刑天也有參與涿鹿之戰。[343]可惜事與願違，以蚩尤為首的炎帝後裔最終戰敗，蚩尤和夸父族先後被殺，而刑天則被黃帝斬首。原來刑天頭顱所葬的地點也跟炎帝有關：

有神龍首感女登於常羊山，生炎帝神農。《宋書・符瑞志》

常羊山既是刑天頭顱所葬之地，亦是炎帝降生之處，可見兩人關係異常密切。至於常羊山在哪裡？一般認為刑天頭顱葬於甘肅西和縣仇池山附近，但也可能是陝西寶雞市常羊山，因為此地有炎帝陵，經常舉辦炎帝祭祀活動，並已列入國家級非物質文化遺產。[344]兩個地點雖然位於不同省份，但甘肅與陝西卻是相鄰的，實際上仇池山與寶雞市比想像中接近，只差一百五十公里左右。

更重要的是，無論是仇池山還是寶雞市，它們都位於成都平原以北的山區，離三星堆只有約三百公里。刑天頭顱所葬之地如此接近三星堆，難道古蜀人就是利用「青銅人身形器」來紀念炎帝屬臣刑天？

圖 64. 青銅人身形器

圖 65. 刑天

三星堆的後人與守望者的關聯

輝煌的三星堆文明經歷多年發展，最終敵不過時代變遷，於戰國末期（公元前四世紀）被秦惠文王所滅。[345] 即使如此，三星堆文化仍對後來的中國文明發展起了重要作用。根據《史記・貨殖列傳》記載：

> 巴寡婦清，其先得丹穴，而擅其利數世，家亦不訾。清，寡婦也，能守其業，用財自衛，不見侵犯。秦皇帝以為貞婦而客之，為築女懷清台。

這裡說到秦始皇曾接見一位來自巴國的寡婦清（三星堆後人），這女人可謂德高望重，就連她死後秦始皇也要為她修建一座「懷清台」來懷念她。關於寡婦清與懷清台的真實性在學術界一直存疑，後來終於有了答案。二零零二年三月，考古學家在重慶長壽城區的一座小山上發現了一座秦朝古墓，發現墓裡有一塊墓志碑，而碑上註明古墓的主人叫做「清」，而古墓旁的高地叫作「懷清台」，從而證實了寡婦清的真實性。

為何秦始皇如此重視這女人？難道他們有曖昧嗎？非也，因古人以「寡婦」來形容六十歲或以上沒有出嫁的女人，因此寡婦清並非因美貌出眾而吸引著秦始皇。事實上，《史記・貨殖列傳》當中的「丹穴」為我們道出真相。所謂的「丹穴」，就是丹沙礦，而丹沙即是我們平時所說的朱沙，化學名稱為硫化汞。丹沙在古代是一種珍貴材料，可用作染料或書寫之用，也可當作藥材。李時珍的《本草綱目》裡有記載，丹沙能治五臟的百病，亦能殺毒，可見其價值之高。尤其在戰爭之時，有丹沙作為治療傷口的用藥，可讓軍人快速痊癒。以軍事力量統一六國為大業的秦始皇，自然對丹沙極之渴求。更重要的是，丹沙可用來提煉丹藥，而丹藥甚至被譽為是長生不老藥，這也正是秦始皇一直所尋求的。這些種種原因都讓我們明白到秦始皇為何如此重視寡婦清這個帶有三星堆血統的後人。有學者甚至認為，擁有丹沙礦的寡婦清本是一位富可敵國的富婆，她有份出資協助秦始皇興建萬里長城。如此看來，寡婦清對秦始皇建立秦國產業有舉足輕重的影響力。

寡婦清除了是一名富婆，亦有另一個身份。《史記・貨殖列傳》裡以「貞婦」形容寡婦清，當中的「貞」並非貞潔之意。根據《說文・解字》的說法，「貞者卜問也」，北方叫貞人，南方叫巫。換言之，寡婦清就是一個懂得占卜的巫師。說到巫師，大家還記得三星堆的青銅大立人嗎？三星堆文化本是有巫師傳統，而寡婦清原是巴人，擁有三星堆血統，因此有理由相信寡婦清就是三星堆巫師的後人。按前文的推理，三星堆文明跟蘇美爾文明有千絲萬縷的關係，難道寡婦清也跟蘇美爾文明有關嗎？這點我不肯定，我只能說蘇美爾文明的《吉爾伽美什史詩》裡的確有追尋永生的故事，跟寡婦清擁有可製造長生不老藥的丹沙不謀而合。總的來說，如果蘇美爾文明真的影響了三星堆文明，而擁有三星堆血統的寡婦清又扶助了秦始皇建立秦國，那麼秦國跟蘇美爾文明似乎也有間接上的關聯。當然這只是一種大膽的推論，一切有待學者們進一步的嚴謹考證。（關於寡婦清與秦始皇的討論，資料由黃子爾提供。）

我另一關心的是：三星堆文明被秦惠文王所滅後，它的遺民之後去了哪裡呢？我們想像一下，當秦惠文王的軍隊將要攻入成都平原上的三星堆古城時，城中的市民若要找安全的匿藏之地，莫過於逃至成都平原邊緣的山區上。若要追尋三星堆後人的足跡，或許我們可以從山區的少數民族中找到答案。現在我就向大家介紹兩個最有可能是三星堆後人的少數民族。

爾蘇族

爾蘇族居於四川甘洛縣山區，此地位於成都平原西南面，離三星堆不遠。「爾蘇人」在他們的語言中代表「白人」。對於他們的族源來歷，一直是個謎。一位爾蘇人曾說過：「我們爾蘇人是不能向外人透露自己的來歷，否則就會被追殺。」[346] 難道他們就是當年逃到山區的三星堆後人？因怕被秦惠文王的軍隊追殺而保持不說來歷的傳統？的確，我們會發現男性爾蘇人的面部特徵為高鼻、深目、闊唇[347]，跟三星堆出土的青銅人頭像有三分相似。從語言來說，爾蘇語屬羌語的一支[348]，故爾蘇人可能是羌人的近親，與三星堆古蜀人同源，都是炎帝之後。爾蘇人的詩歌內容經常出現岷江、峨嵋的地名[349]，這都是爾蘇人曾到過成都平原的證據。另外，爾蘇人進行祭祀儀式時會把公雞放在樹上[350]，跟三星堆的「青銅神樹」佈局相近，也是一種太陽崇拜的象徵。除了太陽崇拜外，爾蘇人也有鳥崇拜，他們特別崇拜杜鵑鳥，並視之為祖先。[351]我認為這種崇拜杜鵑鳥的習俗可能跟古蜀王杜宇有關：

> 後有一男子名曰杜宇，從天墮，止朱提。有一女子名利，從江源井中出，為宇妻。乃自立為蜀王，號曰望帝。《蜀王本紀》
>
> 後有王曰杜宇，教民務農。《華陽國志．蜀志》

相繼蠶叢、魚鳧及柏灌，作為第四位蜀王的杜宇，其來歷非常神秘，是從天而降的「天人」，其妻為水井而出的「水人」。杜宇成為蜀王後取號望帝，教化古蜀人務農。但後來發展曲折離奇：

> 望帝以鱉靈為相。時玉山出水，如堯之洪水，望帝不能治。使鱉靈決玉山，民得安處。鱉靈治水去後，望帝與其妻通，慚愧，自以為德薄不如鱉靈，乃委國授之而去。如堯之禪舜。鱉靈即位，號曰開明。《蜀王本紀》
>
> 望帝自逃之後，欲復位不得，死化為鵑，每春月間，晝夜悲鳴。蜀人聞之曰：我望帝魂也。《太平寰宇記》

杜宇在位之時，洪水不斷，他派屬臣鱉靈去治水。鱉靈出外治水期間，杜宇竟然跟鱉靈妻子通姦，後來為了補償，杜宇便讓位給鱉靈。失去皇位的杜宇鬱鬱不得志，死後化作杜鵑鳥。爾蘇人視杜鵑鳥為祖先，難道他們就是杜宇的後人？甚至他們就是杜宇跟鱉靈妻子通姦後所生的孽種之後裔，所以才怕被人追殺？若然屬實，爾蘇人也就是三星堆古蜀人的分支。再者，爾蘇語中的「錯闊媽莫」的意思既是天上的銀河，又是「到母親那裡去的地方」[352]，難道是要暗示他們的祖先來自天上的銀河，如同杜宇般是從天而降的「天人」？我們在前文已分析，古蜀人的血緣除了來自有繒氏及旁支夏人，還混有蘇美爾人，而蘇美爾人正是該隱家族與墮落守望者交媾後所生下的血脈，因此杜宇從天而降的本質很可能跟墮落的守望者有關。換言之，爾蘇人若是杜宇的後人，他們很可能混有守望者的血脈，這就不難理解他們為何不能說出身世而又怕被人追殺的恐懼。順帶一提，爾蘇人在還山雞節中跳舞慶祝時，男女都會把糍粑灰塗在臉上，他們稱這種白臉化妝可以驅邪。[353]這種把臉化白的化妝傳統也可能跟守望者有關：

亞撒爾教人造劍、刀、盾牌和護胸的盔甲；製作鏡子（使他們能看見在自己背後的事物）以及手鐲和飾品的手藝，又教人如何使用顏料、如何畫眉，以及如何使用各樣上等珍貴的寶石和各種染料，以便世界可以改變成另一個模樣。（以諾一書八：1）

當年守望者領袖亞撒爾曾教導該隱家族使用顏料畫眉等的化妝術，難道爾蘇人繼承了該隱家族的傳統？此外，爾蘇人也有巨石崇拜，他們每家每戶的門楣上都放有一塊白石，用以驅邪引福[354]，這習俗也可能源自古蜀文化：

時蜀有五丁力士，能移山，舉萬鈞。每王薨，輒立大石，長三丈，重千斤，為墓志。

《華陽國志．蜀志》

在古蜀時期出現了五位大力士，能移山搬石。每當蜀王死後，他們都會為已故蜀王豎立一塊大石頭作為墓碑。這五位大力士令我想起曾經參與興建埃及金字塔的巨人——利泛音人，難道這五位大力士也是巨人嗎？絕對有可能，因前文已分析過成都平原西南面的峨眉山正是夸父巨人族的根據地，說不定這五位大力士就是夸父巨人族的後人。可能擁有守望者血脈的爾蘇人選擇定居在峨眉山附近的甘洛縣山區，同時又有巨石崇拜的傳統，似乎與五位大力士或夸父巨人族有關。況且當年守望者與該隱家族交媾後所生下的拿非利人正是一班巨人族，而拿非利人與夸父巨人族又是否有關呢？實在太多謎團。

彝族

彝族主要分佈在四川、雲南、貴州等地，當中位於四川的涼山彝族自治州正位於成都平原南面的山區，與三星堆距離不遠。不少學者都提出過彝族與三星堆古蜀人之間的關聯，其中的西南民族大學的賈銀忠教授，他既是彝族研究學者，也是四川涼山彝族自治州雷波籍人。據他所說，自治州中有位老人家保存了一份家譜叫作《蜀族．夷悅夏族譜》，而夷、悅、夏三姓的人都自稱是古蜀人的後裔。[355] 四川涼山彝族自治州語言文作工作委員會副研究員阿余鐵日發現，他能用古代彝文解讀三星堆的神秘符號，包括經常在三星堆文物上出現的七個符號：「天地陰陽」、「兩個」、

「人」、「眼睛」、「祖先」、「人的臉」和「智慧」。他更指出三星堆青銅人頭像的金面罩，跟古代彝族祭祖儀式中給祖先偶像貼金面罩的記載相符。而三星堆的青銅神樹上的鳥像與彝族傳宗神樹上的木鳥像非常相似。另外，在彝族傳統的火葬祭祀中，後人要不斷念誦經文，期望把先人的靈魂送到一個叫做馬牧的地方，而三星堆遺址剛好有一條馬牧河，似乎當中並非巧合。其實早於清末，已有西方學者到彝族地區作人類種族調查，他們提出彝族的高鼻深目、高大的體格都與西方的雅利安人的特徵相似。而中國著名人類學家林耀華先生及馮漢驥先生都先後提出彝族中的黑彝的鉤形鼻與黯黑膚色，都與漢人的特徵相異。[356] 由此可見，彝族的血統很大機會混有西方人的基因，如同三星堆古蜀人帶有蘇美爾人基因一樣。

彝族文獻《西南彝志．天地津梁斷》中曾記載：「慕切武十代，慕考乍十代，慕熱糯七代，慕臥恒八代，慕克克布九代，慕齊齊默十一代，在這段期間與天上通婚。武傳武世系，傳到額傑武；乍傳乍世系，傳到唄婁乍；糯傳糯世系，傳到額婁糯；……默傳默世系，傳到默阿德。天君傳下令：每天牛三十，每天銅三十，每天帛三十，作為租賦納，後來有一天，天人作阿且，下來把租收……」原來在彝族文化裡也有「天人」的記載，難道彝族跟爾蘇人一樣，也跟洪水前下凡的守望者有關？

我們可以從彝族的天文曆法作進一步推測。根據彝族祭司王子國先生在其著作《土魯竇吉》中的分析，彝族典籍中的《魯素》，漢語翻譯為《龍書》，它是一種十月太陽曆：一年五季，以五行（金、木、水、火、土）論五季；一年十個月，每月七十二天，五季共三百六十天，再加五天過年日以及四年一閏，一年為三百六十五點二五天。而彝族另一典籍《付托》，漢語翻譯為《聯婚》，它是一種十二月太陽曆：一年四季，以五行論四季；一年十二個月，大月三十天，小月二十九天，每五年兩閏，一年為三百六十五點二五天。[357]根據現代天文計算，地球圍繞太陽的公轉週期為三百六十五點二四二二天[358]，可見彝族曆法相當準確。而且《魯素》的十月太陽曆中，每月有七十二天，而七十二正是我前文一直探討的歲差數字，似乎彝族曆法也承傳了古文明的歲差知識。

彝族的十月太陽曆與十二月太陽曆，我認為也可能跟東夷神話有關：羲和生了十個太陽，對應的是十月太陽曆；常羲生了十二個月亮，對應的也就是十二月太陽曆。更重要的是，羲和與常羲都是炎帝（帝俊）之妻，而炎帝又是三星堆古蜀人的祖先，因此在《魯素》與《付托》出現的兩種太陽曆，似乎暗示彝族跟三星堆古蜀人或有近親關係。另一方面，對中國天文曆法有深入研究的學者劉明武先生在其著作《天文曆法與中國文化》發現了彝族的《魯素》其實就是《洛書》，而《付托》就是《河圖》，它們只是在讀音上有少許差異，但內容卻是相通的。所謂《河圖》《洛書》，是一套可廣泛應用在中醫、紫微斗數、風水學、命理學等範疇的哲學理論。河圖之數為：一與六、二與七、三與八、四與九，每組數字的差異都為五。洛書之數為：九與一、三與七、二與四、六與八、五居中。這些數字組合背後隱含時間與空間的信息，亦與《周易》的數字相通。[359]究竟《河圖》《洛書》這種複雜的哲學理論從何而來？一直對中國文化有全面研究的王唯工博士在其著作《河圖洛書前傳》

中指出，《河圖》《洛書》是一種未經研發而突然面世的古代知識。[360] 要知道一般的知識都是經過長時間的累積與鑽研，最後才能成為一套受人接受的學說，而《河圖》《洛書》在歷史上的突然出現，如同一本從天而降的天書一樣，情況相當離奇。其實我們可從中國典籍中找尋《河圖》《洛書》的起源：

伏羲王天下，龍馬出河，遂則其文以畫八卦，謂之河圖，及典謨皆歷代傳寶之。

漢孔安國傳《尚書》〈洪範〉篇

原來當年伏羲氏在黃河支流旁邊看見神獸龍馬背負《河圖》，受啟發而創立了八卦。雖然內容有神話成分，但至少我們知道《河圖》是由伏羲氏承傳下來，至於是誰把《河圖》傳授給伏羲氏？前文我已分析伏羲氏可對應該隱家族，而該隱家族就是從墮落的守望者那裡學了不少知識：

巴爾卡亞爾教導如何觀看星辰……（以諾書八：3）

守望者中的巴爾卡亞爾教曉該隱家族（蘇美爾文化）有關占星術的知識，當中必定包括天文曆法。而《河圖》正可應用在紫微斗數的中國占星術當中，可見《河圖》很可能就是由守望者傳授該隱家族的占星術演化過來，所謂的龍馬只是守望者的隱喻。至於《洛書》的來源，亦有神話般的記載：

天與禹洛出書，神龜負文而出，列於背，有數至於九。禹遂因而第之，以成九類。

漢孔安國傳《尚書》〈洪範〉篇

在大禹時代，有神龜背負《洛書》出現於洛河，大禹受《洛書》啟發而用以治水。那大禹又是誰？讓我們先了解大禹的來歷：

禹本汶山郡廣柔縣人，生於石鈕。《蜀王本記》

廣柔（今北川）縣，有石鈕鄉禹所生也，今夷人共管之。《水經・沫水注》

原來大禹生於廣柔，即現今四川的北川縣，離成都平原的三星堆不遠。難道他跟三星堆古蜀人有關？我們先看看大禹的族譜：

鯀復生禹。《山海經・海內經》

顓頊五代而生鯀。《漢書・律曆志》

帝顓頊高陽氏，黃帝之孫，昌意之子，姬姓也。母曰景仆，蜀山氏女，為昌意正妃，謂之女樞……生顓頊於若水。《太平御覽》引《帝王世紀》

大禹的父親為鯀，鯀為顓頊後代，而顓頊則為黃帝之孫。不過顓頊父親昌意娶了蜀山氏的女子而生下顓頊，而蜀山氏則帶有炎帝血脈。換言之，顓頊及其後人大禹也有一半血脈來自炎帝，跟三星堆古蜀人同宗。炎帝可對應守望者當中教導人類太陽知識的薩摩西爾，而大禹所獲得的《洛書》卻又能演化成彝族的十月太陽曆，兩者關係內有乾坤。既然大禹為炎帝之後，《洛書》很可能就是由炎帝集團傳授給大禹。大禹含有蜀山氏血脈，與三星堆古蜀人有血緣上的關係。而作為深受蘇美爾文化（該隱家族）影響的三星堆古蜀人後裔的彝族，同時擁有《河圖》及《洛書》也就變得相當合理了。

東南亞餘民

二〇〇七至二〇〇八年間，由四川省文物考古研究院、陝西省文物考古研究院以及越南國家歷史博物館所組成的聯合考古調查隊，對越南的馮原文化遺址進行考察，他們發現越南出土的海貝加工方法跟三星堆的加工方法相同。而在越南河西省出土的青銅戈亦被鑑定為蜀式戈，為公元前一千一百年的產物，跟蠶叢氏及魚鳧氏因古蜀亡國而南遷的時間吻合。再者，在越南出土的玉牙璋以及青銅器都是跟三星堆的屬同一類型，專家已可大概確定越南就是古蜀餘民南遷的主要目的地。[361] 原來古籍中也有古蜀餘民定居在越南的記載：

> 蜀王，至今在漢西南五千里，常來朝降，輸獻於漢。《史記・三代世表》

「漢西南五千里」也就是越南的位置，南遷越南的蜀王經常朝貢漢朝，證明三星堆雖然亡國，以蠶叢氏為首的古蜀王族仍然活躍於越南地區，即使到現今為止，仍有約三千三百個的彝族人定居於越南的河江省、高平省及老街省，另外亦有近百萬的彝族人分佈於寮國及泰國等東南亞地區。362

事實上，寮國及泰國自古流傳一則大洪水神話：作為天神的天士，因地上的人民不服從祂的要求，便一怒之下發動一場大洪水淹沒大地。地上的三位統治者合力建造一艘筏子，其上建有一間小屋，乘載著一群婦女和兒童。結果他們逃過了這場浩劫363。這些洪水神話會否是南遷的彝族人把改編後的中國洪水神話帶到東南亞地區？因為當年古蜀餘民定居的越南也有類似的洪水記載：大洪水爆發時，一對兄妹帶著動物（每一種兩隻）躲進一口大木箱內，保存了地上生靈的命脈364。當中的「一對兄妹」會否就是中國洪水神話中的「伏羲女媧」？不過中國版本的是「大葫蘆」，而越南版本的則是「大木箱」，這個「大木箱」反而更像《聖經》及《吉爾伽美什史詩》版本的「方舟」。無他，古蜀餘民的祖先曾受蘇美爾文化的影響，甚

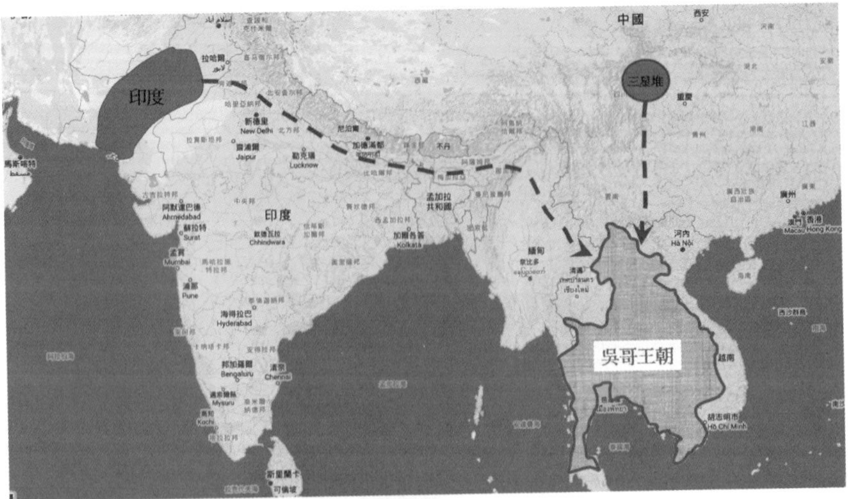

圖 66. 印度文化與三星堆後人對吳哥王朝的影響

至帶有蘇美爾血統，或許《吉爾伽美什史詩》的洪水神話早已透過他們傳入中國，最後更隨著他們南遷而被帶到越南地區。不過還有一個疑問，就是為何古蜀王族選擇南遷越南？我發現若對比十二世紀的東南亞地圖[365]，吳哥王朝的版圖涵蓋現今越南西部、遼國、柬埔寨及泰國大部分地區。換言之，當年古蜀王族南遷的越南地區，其實就是後來吳哥王朝的勢力範圍。

那麼定居在吳哥王國內的古蜀王族後裔有否參與興建吳哥城及吳哥窟？因為我發現三星堆古蜀國與吳哥王朝有不少相似之處。我們知道三星堆古蜀國一直都有太陽崇拜的文化，而吳哥城裡的大小寺廟經常設有石坐獅，而石坐獅正是太陽崇拜的象徵。三星堆古蜀國有鳥類崇拜的傳統，出土了不少青銅鳥像，而吳哥城也經常出現半人半鳥的迦樓羅（毗濕奴坐騎）的石浮雕。三星堆出土的微笑青銅人頭像，跟吳哥城巴戎寺的人頭石像（吳哥的微笑）也有些相似。難道這全是巧合？

歲差矩形的驚世佈局

另一個更大的巧合就是，我在前文已說明吳哥城、涅

圖 67. 吳哥城迦樓羅石浮雕

圖 68. 三星堆青銅鳥像

槃宮、埃及吉薩金字塔與獅身人面像可構成一個歲差矩形，吳哥城與涅槃宮位於矩形的右下角，吉薩金字塔與獅身人面像位於矩形的左上角，原來三星堆古蜀國的成都平原正位於矩形的右上角！

換言之，從三星堆古蜀國的成都平原沿緯線向西走，就會到達吉薩金字塔與獅身人面像，而沿經線向南走就會直達吳哥城與涅槃宮，這還是巧合嗎？看似無關的三星堆與吳哥城，內裡原來有鮮為人知的地理聯繫。根據日本上智大學教授既吳哥遺跡國際調查員石澤良昭指出，吳哥王朝由高棉族所創立，而這些高棉族則是公元前二世紀前從中國東南部（即雲南地區）南遷而來[366]。高棉族為東南亞地區帶來農業及青銅文化，而三星堆卻以青銅文化著稱，而且高棉族南遷（公元前二世紀）剛好是三星堆文明被滅（公元前四世紀）之後發生，哪究竟高棉族與三星堆有關嗎？

《蜀王本紀》記載杜宇從天降至朱提，朱提就是現

圖 69. 吳哥人面石浮雕

圖 70. 三星堆人面青銅像

今雲南省昭通市[367]。作為蜀王的杜宇曾跟鱉靈的妻子私通而被鱉靈推翻，杜宇事後很可能逃亡至故鄉雲南。如果推論正確的話，高棉族祖先可能就是杜宇在雲南的後人。不過高棉族祖先亦可能來自彝族，因為雲南也正是彝族的定居點。無論是杜宇後人還是彝族，高棉族始終離不開三星堆的影子，難怪高棉族後來陸續南遷至東南亞時，便把三星堆青銅文化帶到當地。換言之，吳哥王朝裡有兩個種族跟三星堆有關，分別是高棉族與彝族，而高棉族的發源地雲南與前文所述的蠶叢古蜀王族定居的越南北部是相鄰的，因此兩者亦可能是近親。要知道三星堆分為不同文化期，包括蠶叢、柏灌、魚鳧與杜宇，我們不能排除在各個時期裡都有三星堆的後人分批南下，蠶叢古蜀王族先在越南北部定居，而杜宇後人或彝族稍後在雲南形成了高棉族，最終高棉族、彝族及越北的古蜀王族都先後來到柬埔寨地區，並共同開創了吳哥王朝。

有趣的是，柬埔寨吳哥窟管理總局、四川廣漢三星

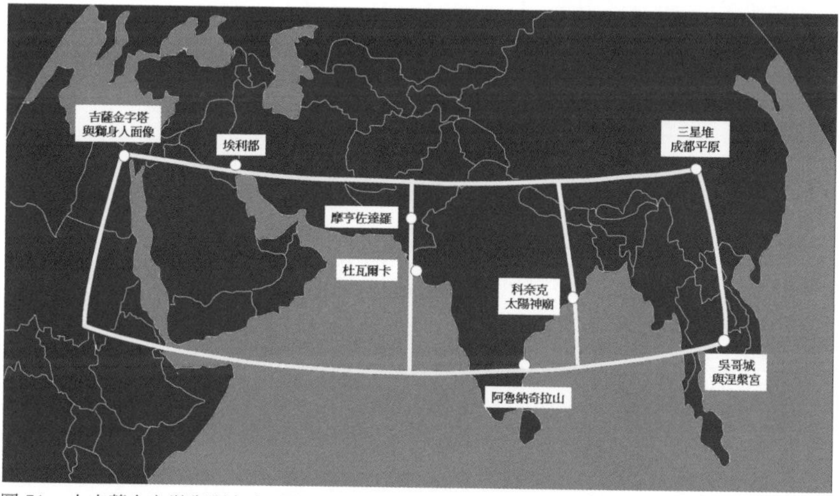

圖 71. 由吉薩金字塔與獅身人面像、吳哥城、涅槃宮及三星堆所構成的歲差矩形

堆博物館和成都金沙遺址博物館三方代表於二零一七年六月九日在四川省德陽廣漢市同簽署了《吳哥窟、三星堆博物館、金沙遺址博物館文化合作三方諒解備忘錄》，將合作推進學術文化交流項目。當中包括各方代表和專家將進行密切交流，並合作打造史詩式《吳哥王朝》舞台劇[368]。此舞台劇將於吳哥窟以外五公里的暹粒市上演，其中融合了柬埔寨與中國多項非物質文化遺產藝術精髓，從而要展現「傳承發展的生動實踐」的主題[369]。我的疑問是，什麼原因激發起吳哥窟管理總局與三星堆博物館的合作？難道跟二零零七年四川省文物考古研究院團隊對越南的馮原文化遺址進行考察有關？我推斷當年四川省文物考古研究院團隊應在越南遺址發現一些重要的考古證據，足以證實三星堆古蜀國餘民與吳哥窟有關。為了有更深入的研究，三星堆博物館於是便跟吳哥窟管理總局簽署備忘錄，相信《吳哥王朝》舞台劇只是煙幕，真正目的是讓雙方考古專家進行密切交流研究，從而找出三星堆與吳哥窟之間更多的關聯。難怪當局主題為「傳承發展的生動實踐」，因為吳哥窟很可能傳承於三星堆文化。

我們現在了解到歲差矩形的範圍剛好包括了四大文明古國的發源地：蘇美爾的埃利都、埃及的吉薩、印度的摩亨佐達羅及中國的三星堆成都平原，它們各自都有對永生熱切追求的象徵，包括蘇美爾七聖賢手中的永生聖水、導向永生的埃及金字塔、印度翻攪乳海中的永生甘露以及中國成都平原中能通往天國的建木神樹，無一不是仿照伊甸園裡永生樹的功能。而歲差矩形當中的埃及吉薩、吳哥王朝以及三星堆古蜀國，三者都是古代的太陽崇拜中心，亦有半人半神的巨人傳說，它們各自都跟蘇美爾文明有關聯。這些古跡的位置不是隨意挑選的，因為它們在公元前一〇五

○○年的春分都分別對準獵戶座、獅子座、天龍座以及飛馬座，同時亦指向全球大洪水的年代，可見其背後是經過精心的設計與策劃，這種古代的全球天地對應佈局只有擁有天文地理知識的守望者及其後人有能力完成。正如蘇美爾一份叫做《伊塔那史詩》（Epic of Etana）的文獻曾如此記載：

制定命運的大阿努納奇，交換了他們對大地的計劃。他們創造了這四個區域，他們建起具點，他們視察大地，他們對人類而言太崇高了。

當中的「阿努納奇」就是守望者，「四個區域」分別是蘇美爾、埃及、印度以及西奈半島。[370] 原來守望者對大地的規劃早已隱藏在蘇美爾的史詩當中，我所發現的歲差矩形很可能就是他們的精心佈局。

現在我們了解到，三星堆古蜀王族之所以要南遷至越南地區，主要是要完成他們祖先（炎帝或守望者）一早訂下來的計劃：在現在的柬埔寨興建吳哥城與涅槃宮，完成全球天地對應的網絡，用以紀念大洪水前的守望者。而現今分佈於越南、寮國及泰國的彝族人其實正是由吳哥王國向外分散移居的古蜀王族後裔，可惜他們大多都不了解到他們所信奉的宗教都跟遠古的守望者有千絲萬縷的關係。

後語

我們先後走訪蘇美爾文明、埃及文明、印度文明及中國文明，發現它們之間出現不少共通處，它們各自的神話都含有大洪水故事及正邪力量對決的情節，而且部分天神更曾下凡教導人類各種技藝，這些元素同樣也出現在《聖經》文獻裡，當中似乎不是單用「巧合」就可完全解釋。

著名心理學家榮格（Carl Gustav Jung）認為人類除了意識外，內裡亦隱藏一股潛意識的力量，而潛意識就是意識的一種心理補償。[371]至於潛意識如何得到宣洩，神話學大師約瑟夫．坎貝爾（Joseph Campbell）認為人們會透過神話而使潛意識的慾望得以表達及滿足。[372]守望者因抵不住人類女子美貌而下凡娶妻，生下半人半天使的物種——拿非利人，他們就是因犯下這種姦淫罪而被上帝打壓。守望者被神所差遣的天使長所捉拿，而拿非利人則被神所引發的大洪水所滅。遺憾的是，拿非利人沒有完全被滅絕，他們之中的奧格因抓著方舟而逃過洪水之劫。奧格就是聖經中的巴珊王噩，他的後人就是聖經中的利泛音人及亞衲族。這些利泛音人或亞衲族仍然殘留著祖先的血統，就是希望過著自把自為的生活，不受神的管轄，甚至他們想成為神。可惜在現實生活中，他們及其祖先都先後被神所打壓，那種想成為神的慾望便被壓下來，成為潛意識的力量。

其實我們可從巴別塔事件看到一點端倪，那些幫助寧錄興建巴別塔的利泛音人或亞衲族曾說：

「來，讓我們建造一座城和一座塔，塔頂通天，我們要為自己立名。」（創世記十一：4）

他們那種期望與上帝齊名的慾望表露無遺。最後，利泛音人或亞衲族便透過神話把心中所抑壓的潛意識慾望釋放出來，他們所編撰的神話源於聖經，因此包含正邪力量對決、大洪水、神人交合生出英雄偉人的情節，不過他們從中扭曲了不少事實，更把自己化作神話中的神，務求以不同的神話來迷惑人類，使人遠離真正的上帝。難怪聖經學者約翰．柯萊恩（John Klein）及亞當．史必爾斯（Adam Spears）都認為神話是百分之二十五的真理及百分之七十五的想像的結合體，所謂的神話就是守望者及其後人以他們的觀點重新演繹聖經。373

除了神話，守望者及其後人的潛意識慾望已延伸至全球性的天文地理佈局，他們利用埃及金字塔、獅身人面像、吳哥城寺廟群以及涅槃宮的地理位置，配合天空中的獵戶座、獅子座、天龍座以及飛馬座，規劃出一個橫跨非洲與亞洲的歲差矩型佈局，為的是要記念他們那些在公元前一〇五〇〇年被大洪水所滅的祖先，並以此來傳揚他們的名聲，如同當年的巴別塔一樣。他們這樣展示自己的天文地理知識，無非是要把自己升格為神，因為《約伯記》中，神曾經如此對約伯說：

「我立大地根基的時候，你在哪裡？你若明白事理，只管說吧！你知道是誰定地的尺度，是誰把準繩拉在其上嗎？」（約伯記三十八：4～5）

而《詩篇》也說：

諸天述說上帝的榮耀，穹蒼傳揚祂手的作為。（詩篇十九：1）

既然神作為天文地理的創立者，對於那些想模仿神的守望者自然希望在天文地理的範疇上展現其高超的知識與技術。埃及金字塔、獅身人面像、吳哥城寺廟群、涅槃宮以及中國三星堆遺跡就是守望者的後人的一次跨時代、跨文化的技術展示，當中所牽涉的技術知識是非一般人能及的。這些古遺跡都分別座落在歲差矩型的三個角位上，現就只剩下一個由西線與南線所形成的交點（歲差矩型的左下角）是我這書還未論及的，它的位置位於非洲的東部，究竟這交點背後隱藏了什麼秘密？這些秘密又對人類的近代發展起了什麼作用？而這些秘密為何又跟神秘組織扯上關係？這一切的疑問將會在《上帝的叛徒 IV》中驚世揭曉。

我們在四大古文明的神話裡都先後遇見大洪水的情節，跟科學家告訴我們公元前一〇八〇〇年的新仙女木彗星撞擊事件所引發的全球性災難情況異常吻合，由此可見，挪亞大洪水的真實性不容置疑。不過若要說到挪亞故事的考古證據的話，那麼挪亞方舟本身就是關鍵。方舟真的如《創世記》中所說能容下所有生物嗎？挪亞如何順服和照顧各種野獸？挪亞要預備多少食物食水給家人和動物來熬過歷時一年的洪水期？更重要的問題是，我們找到挪亞方舟的殘骸了嗎？許多這樣的現實問題，總會浮現在尋找真相的理性腦袋裡。這些問題雖是難以解答，但我們總不能迴避。其實還有更多類似的《聖經》難題，我都會在另一平行系列《上帝的信徒》第一冊中逐一破解。

現在才是探索旅程的真正開始……

參考文獻

伊甸園的位置

1.費根著，王玥民、張冠韶、黃聿君譯。《古文明七十謎團》。台北市：貓頭鷹出版社，2005年，第22頁。
2.安伯托・艾可著，林潔盈譯。《異境之書》。台北市：聯經出版，2016年，第157頁。
3.同上，第157-160頁。
4.游斌。《希伯來聖經的文本、歷史與思想世界》。北京：宗教文化出版社，2016年，第152-154頁。
5.賽門・蒙提費歐里著，黃煜文譯。《耶路撒冷三千年》。台北市：究竟出版，2016年，第48頁。
6.取自百度百科「基訓河」條目：https://baike.baidu.com/item/%E5%9F%BA%E8%AE%AD%E6%B2%B3。
7.同上。
8.取自中文維基百科「安那托利亞」條目：https://zh.wikipedia.org/wiki/%E5%AE%89%E9%82%A3%E6%89%98%E5%88%A9%E4%BA%9E。
9.Buttrick, George A. The Interpreter's Bible, Vol. 1, 101. Nashville: Abingdon Press, 1951.
10.取自百度百科「基訓河」條目：https://baike.baidu.com/item/%E5%9F%BA%E8%AE%AD%E6%B2%B3。
11.〈伊甸園大地震？〉。取自「離教者之家」論壇：https://exchristian.hk/forum/redirect.php?tid=2009&goto=lastpost，2008年5月25日。
12.取自中文維基百科「約旦河」條目：https://zh.wikipedia.org/wiki/%E7%BA%A6%E6%97%A6%E6%B2%B3。
13.查爾斯・R・佩奇、卡爾・A・沃爾茲著，張兢、劉素雲譯。《聖地與聖經：聖經世界的介紹》。北京市：宗教文化出版社，2013年，第192頁。

14. 取自百度百科「基訓河」條目：https://baike.baidu.com/item/%E5%9F%BA%E8%AE%AD%E6%B2%B3。
15. 《聖經和合本修訂中英對照版》。香港：香港聖經公會，2013年，第466頁。
16. 同註11。
17. 取自中文維基百科「尼羅河」條目：https://zh.wikipedia.org/wiki/%E5%B0%BC%E7%BD%97%E6%B2%B3。
18. 愛德華．布魯克希欽著，周翰廷譯。《詭圖》。台北市：奇幻基地，2018年，第92頁。
19. 取自中文維基百科「尼羅河」條目：https://zh.wikipedia.org/wiki/%E5%B0%BC%E7%BD%97%E6%B2%B3。
20. 饒宗頤。《符號、初文與字母——漢字樹》。香港：商務印書館（香港），2015年，第122頁。
21. 葛瑞姆．漢卡克著，周健、潘恩典譯。《諸神的魔法師》。台北市：商周出版，2018年，第324頁。
22. 愛德華．布魯克希欽著，周翰廷譯。《詭圖》，第94-95頁。
23. 〈為甚麼常聽人說：《聖經》說地球的年齡是六千年〉。取自「三一閣」網站：http://31team.org/book/export/html/2462，2014年3月17日。

蘇美爾文明

該隱後代與蘇美爾文明的創立者

24. 郭豫斌。《圖解世界史：古代卷》。台中市：好讀出版，2016年，第68-69頁。
25. 理查德．邁爾斯著，金國譯。《古代世界》。北京：社會科學文獻出版社，2018年，第11頁。

26. 關真興著，鍾嘉惠譯。《史學專家的世界史筆記》。台北市：台灣東販，2017年，第16頁。
27. 青柳正規著，張家瑋。《人類文明的黎明與黃昏》。新北市：八旗文化，2018年，第168頁。
28. 安德魯．馬爾著，邢科、汪輝譯。《BBC世界史》。新北市：廣場出版，2018年，第43頁。
29. 尼克．皮基著，崔妙姍譯。《聖經新地圖全集速覽》。香港：海天書樓出版，2014年，第14-15頁。
30. 撒迦利亞．西琴著，宋易譯。《地球編年史第一部：第12個天體》。台北市：新星球出版，2017年，第26頁。
31. 同上，第38頁。

上帝的叛徒：守望者與拿非利人

32. 同上，第63頁。
33. 約翰．柯萊恩、亞當．史必爾斯著，林秀娟譯。《原來如此：卷一》。新北市：橄欖出版，2018年，第114-117頁。
34. 默西亞．埃里亞德著，吳靜宜、陳錦書譯。《世界宗教理念史：卷一》。台北市：商周出版，2015年，第191頁。
35. 《聖經和合本修訂中英對照版》，第10頁。
36. 約翰．柯萊恩、亞當．史必爾斯著，林秀娟譯。《原來如此：卷一》，第99-100頁。
37. 羅伯特．嘉吉著，吳煒聲譯。《創造聖經的城市》。新北市：遠足文化，2016年，第23-25頁。
38. 約翰．柯萊恩、亞當．史必爾斯著，林秀娟譯。《原來如此：卷一》，第118-119頁。
39. 同上，第108頁。

40. 同上，第120頁。

41. 黃根春主編。《基督教典外文獻——舊約篇 第一冊》。香港：基督教文藝出版社，2002年，第47頁。

42. 森瀨繚著，鄒玟羚譯。《墮天使事典》。新北市：楓樹林出版，2016年，第60頁。

大洪水前的遠古文明

43. 約翰．沃頓著，李麗書譯。《古希伯來文明：起源和發展》。上海市：華東師範大學出版社，2017年，第31頁。

44. Kramer, Samuel N. History Begins at Sumer: Thirty-Nine Firsts in Recorded History, 149-151. Philadelphia: University of Pennsylvania Press, 1991.

45. 葛瑞姆．漢卡克著，舒麗萍譯。《上帝的魔法師》。北京市：北京聯合出版公司，2016年，第28頁。

46. Verbrugghe, G. & Wickersham, J. Berossos and Manetho, 43. Michigan: University of Michigan Press, 1996.

47. 取自英文維基百科「Dagon」條目：https://en.wikipedia.org/wiki/Dagon。

48. 葛瑞姆．漢卡克著，舒麗萍譯。《上帝的魔法師》，第170頁。

49. 阿爾圖羅．馬爾瑟羅．帕斯夸爾、特奧．戈麥斯著，李家蘭譯。《神話》。新北市：漢宇國際文化，2015年，第434頁。

50. 取自中文維基百科「恩基」條目：https://zh.wikipedia.org/wiki/%E6%81%A9%E5%9F%BA。

51. 撒迦利亞．西琴著，徐冬姮、宋易譯。《地球編年史第六部：宇宙密碼》。重慶市：重慶出版社，2011年，第38頁。

52. 同上，第40頁。

53. 撒迦利亞・西琴著，李良波譯。《地球編年史第二部：通往天國的階梯》。台北市：新星球出版，2018年，第112頁。
54. 森瀨繚著，鄒玟羚譯。《天使事典》。新北市：楓樹林出版，2015年，第40頁。
55. 森瀨繚著，鄒玟羚譯。《墮天使事典》，第53頁。
56. 同上。
57. 撒迦利亞・西琴著，徐冬妲、宋易譯。《地球編年史第六部：宇宙密碼》，第32頁。
58. 森瀨繚著，鄒玟羚譯。《墮天使事典》，第54頁。

全球大洪水與考古證據

59. 森瀨繚著，鄒玟羚譯。《墮天使事典》，第62頁。
60. 阿爾圖羅・馬爾瑟羅・帕斯夸爾、特奧・戈麥斯著，李家蘭譯。《神話》，第449-450頁。
61. 約翰・沃頓著，李麗書譯。《古希伯來文明：起源和發展》，第19頁。
62. 葛瑞姆・漢卡克著，舒麗萍譯。《上帝的魔法師》，第175頁。
63. Firestone, R.B., et al. "*Evidence for an extraterrestrial impact 12,900 years ago that contributed to the megafaunal extinctions and the Younger Dryas cooling*", Proceedings of the National Academy of Sciences of the USA 104 (41) (2007): 16016-16021.
64. Charles R. K., et al. "*Nanodiamond-Rich Layer across Three Continents Consistent with Major Cosmic Impact at 12,800 Cal BP*", The Journal of Geology 122 (5) (2014): 475-506.

65. 布萊恩．費根著，黃煜文譯。《漫長的夏天：氣候如何改變人類文明》。台北市：麥田出版，2006年，第147頁。
66. 邁克爾．特林格著，耿沫、張敬、鍾鷹翔譯。《物種之神：阿努納奇人在地球上的秘密使命》。重慶：重慶出版社，2016年，第189-190頁。
67. 同上，第214頁。
68. 阿爾圖羅．馬爾瑟羅．帕斯夸爾、特奧．戈麥斯著，李家蘭譯。《神話》，第435頁。
69. 取自中文維基百科「欣（神話）」條目：https://zh.wikipedia.org/wiki/%E6%AC%A3_(%E7%A5%9E%E8%AF%9D)。
70. 撒迦利亞．西琴著，徐冬妲、宋易譯。《地球編年史第六部：宇宙密碼》，第38頁。
71. Napier, W. M. "*Palaeolithic extinctions and the Taurid Complex*", Monthly Notices of the Royal Astronomical Society 405 (3) (2010): 1901-1906.

大洪水後的文明重建

72. 尼克．皮基著，崔妙姍譯。《聖經新地圖全集速覽》，第14-15頁。
73. 取自中文維基百科「寧錄」條目：https://zh.wikipedia.org/wiki/%E5%AE%81%E5%BD%95。
74. 森瀨繚著，鄒玟羚譯。《天使事典》，第132-134頁。
75. 同上，第143頁。
76. Verbrugghe, G. & Wickersham, J. Berossos and Manetho, 50.
77. 森瀨繚著，鄒玟羚譯。《墮天使事典》，第63頁。

78. 同上。

79. 〈亞衲人〉。取自「聖光聖經地理資訊網」：http://biblegeography.holylight.org.tw/index/condensedbible_detail?id=311&top=0490。

80. 邁克爾・特林格著，耿沫、張敬、鍾鷹翔譯。《物種之神：阿努納奇人在地球上的秘密使命》，第114頁。

81. 郭豫斌。《圖解世界史：古代卷》，第67頁。

82. 邁克爾・特林格著，耿沫、張敬、鍾鷹翔譯。《物種之神：阿努納奇人在地球上的秘密使命》，第215頁。

83. 同上。

84. 撒迦利亞・西琴著，宋易譯。《地球編年史第一部：第12個天體》，第121頁。

85. 同上，第124頁。

86. 默西亞・埃里亞德著，吳靜宜、陳錦書譯。《世界宗教理念史：卷一》，第94-95頁。

87. 撒迦利亞・西琴著，宋易譯。《地球編年史第一部：第12個天體》，第119-126頁。

88. 阿爾圖羅・馬爾瑟羅・帕斯夸爾、特奧・戈麥斯著，李家蘭譯。《神話》，第439頁。

89. 默西亞・埃里亞德著，吳靜宜、陳錦書譯。《世界宗教理念史：卷一》，第84頁。

90. 同上。

91. 阿爾圖羅・馬爾瑟羅・帕斯夸爾、特奧・戈麥斯著，李家蘭譯。《神話》，第435頁。

92. 取自中文維基百科「馬爾杜克」條目：https://zh.wikipedia.org/zh-tw/%E9%A9%AC%E5%B0%94%E6%9D%9C%E5%85%8B。

93. 取自英文維基百科「Asaruludu」條目：https://en.wikipedia.org/wiki/Asaruludu。
94. 同上。
95. 撒迦利亞・西琴著，李良波譯。《地球編年史第二部：通往天國的階梯》，第 149-152 頁。
96. 查爾斯・R・佩奇、卡爾・A・沃爾茲著，張兢、劉素雲譯。《聖地與聖經：聖經世界的介紹》，第 122 頁。
97. 默西亞・埃里亞德著，吳靜宜、陳錦書譯。《世界宗教理念史：卷一》，第 90 頁。
98. 約翰・柯萊恩、亞當・史必爾斯著，林秀娟譯。《原來如此：卷一》，第 175 頁。
99. 森瀨繚著，鄒玟羚譯。《墮天使事典》，第 54 頁。
100. 郭豫斌。《圖解世界史：古代卷》，第 66 頁。
101. 取自中文維基百科「金字形神塔」條目：https://zh.wikipedia.org/wiki/%E9%87%91%E5%AD%97%E5%BD%A2%E7%A5%9E%E5%A1%94。
102. 阿爾圖羅・馬爾瑟羅・帕斯夸爾、特奧・戈麥斯著，李家蘭譯。《神話》，第 428 頁。
103. 同上，第 430-431 頁。
104. 斯蒂克斯著，王心瑩譯。〈追溯人類的 DNA 足跡〉。《科學人雜誌》第 78 期 8 月號（2008 年），第 26-34 頁。
105. 安德魯・羅賓森著，洪世民譯。《文字的秘密》。台北市：聯經出版，2017 年，第 44 頁。
106. 饒宗頤。《符號、初文與字母——漢字樹》，第 120 頁。
107. 同上，第 127 頁。

108. 曼利．P．哈爾著，薛妍譯。《失落的密碼》。長春市：吉林出版集團，2017年，142-143頁。
109. 克里斯．史卡瑞著，洪玲玉譯。《古文明七十奇蹟：偉大的古文明建築及其建築方法》。台北市：貓頭鷹出版社，2005年，第20頁。
110. 〈族長時期年代表〉，取自「福音園地」網站：http://www.biblesharing.com/65104.htm，2007年3月26日。
111. 克里斯．史卡瑞著，洪玲玉譯。《古文明七十奇蹟：偉大的古文明建築及其建築方法》，第25頁。
112. 同上，第24頁。
113. 葛瑞姆．漢卡克著，周健譯。《天之鏡》。台北市：商周出版，2013年，第69頁。
114. 同上，第70頁。
115. 徐遐生著，李太楓、鄭興武、蕭耐園、黃崇源譯。《物理學宇宙：天文學導論》，台北市：明文書局，2001年，第2頁。
116. 取自聖經粵音字解「肘」條目：http://biblecantonese.winnyefanho.net/lexicon.php?id=bdi。
117. 葛瑞姆．漢卡克著，周健譯。《天之鏡》，第114頁。
118. 葛瑞姆．漢卡克著，汪仲譯。《上帝的指紋（下）》。台北市：商周出版，2012年，第148頁。
119. 取自英文維基百科「Isis」條目：https://en.wikipedia.org/wiki/Isis。
120. 葛瑞姆．漢卡克著，汪仲譯。《上帝的指紋（下）》，第174頁。
121. 取自中文維基百科「恩基」條目：https://zh.wikipedia.org/wiki/%E6%81%A9%E5%9F%BA

122. 葛瑞姆・漢卡克著，汪仲譯。《上帝的指紋（下）》，第 175 頁。原文引自《歐西里斯神與埃及的復活神話》卷二，第 307 頁。
123. 同上，第 176 頁。
124. 同上，第 175 頁。原文引自《歐西里斯神與埃及的復活神話》，卷二，第 307 頁。
125. 撒迦利亞・西琴著，宋易譯。《地球編年史第一部：第 12 個天體》，第 368-369 頁。
126. 同上，第 176 頁。
127. 撒迦利亞・西琴著，李良波譯。《地球編年史第二部：通往天國的階梯》，第 142 頁。
128. 森瀨繚著，鄒玟羚譯。《墮天使事典》，第 58 頁。
129. 同上。
130. 喬納森・格雷著，邱琳光譯。《被竊的身分——耶穌・基督：是歷史還是騙局?》。長春市：吉林出版，2017 年，第 383-384 頁。
131. 約翰・柯萊恩、亞當・史必爾斯著，林秀娟譯。《原來如此：卷一》，第 13 頁。
132. 森瀨繚著，鄒玟羚譯。《墮天使事典》，第 54 頁。
133. 喬納森・格雷著，邱琳光譯。《被竊的身分——耶穌・基督：是歷史還是騙局?》，第 384-385 頁。
134. 大衛・耶利米，劉卉立譯，《聖經天使學》，啟示出版，2019 年，第 271 頁。
135. 喬納森・格雷著，邱琳光譯。《被竊的身份：耶穌基督是歷史還是騙局?》，第 386 頁。
136. 撒迦利亞・西琴著，徐冬妲、宋易譯。《地球編年史第六部：宇宙密碼》，第 148 頁。
137. 葛瑞姆・漢卡克著，汪仲譯。《上帝的指紋（下）》，第 120-121 頁。
138. 撒迦利亞・西琴著，李良波譯。《地球編年史第二部：通往天國的階梯》，第 310 頁。

139. 取自中文維基百科「獅身人面像」條目：https://zh.wikipedia.org/wiki/%E7%8B%AE%E8%BA%AB%E4%BA%BA%E9%9D%A2%E5%83%8F。
140. 同上。
141. 撒迦利亞·西琴著，李良波譯。《地球編年史第二部：通往天國的階梯》，第370頁。
142. 取自英文維基百科「Shamsiel」條目：https://en.wikipedia.org/wiki/Shamsiel。
143. 取自中文維基百科「智天使」條目：https://zh.wikipedia.org/wiki/%E6%99%BA%E5%A4%A9%E4%BD%BF。
144. 取自中文維基百科「沙瑪什」條目：https://zh.wikipedia.org/wiki/%E6%B2%99%E7%8E%9B%E4%BB%80。
145. 取自中文維基百科「獅身人面像」條目：https://zh.wikipedia.org/wiki/%E7%8B%AE%E8%BA%AB%E4%BA%BA%E9%9D%A2%E5%83%8F。
146. 近藤二郎著，張秋明譯。《圖解古埃及文明》。台北市：商周出版，2013年，第160頁。
147. 同上，第158頁。
148. 取自中文維基百科「荷魯斯」條目：https://zh.wikipedia.org/wiki/%E8%8D%B7%E9%B2%81%E6%96%AF。
149. 阿爾圖羅·馬爾瑟羅·帕斯夸爾、特奧·戈麥斯著，李家蘭譯。《神話》，第385頁。
150. 取自中文維基百科「荷魯斯」條目：https://zh.wikipedia.org/wiki/%E8%8D%B7%E9%B2%81%E6%96%AF。

151. 同上。
152. 森瀨繚著，鄒玟羚譯。《墮天使事典》，第 58 頁。
153. 葛瑞姆・漢卡克著，汪仲譯。《上帝的指紋（下）》，第 212-213 頁。
154. 阿爾圖羅・馬爾瑟羅・帕斯夸爾、特奧・戈麥斯著，李家蘭譯。《神話》，第 389 頁。
155. 取自中文維基百科「印何闐」條目：https://zh.wikipedia.org/wiki/%E5%8D%B0%E4%BD%95%E9%97%90。
156. 同上。
157. 取自英文維基百科「Imhotep」條目：https://en.wikipedia.org/wiki/Imhotep
158. 取自英文維基百科「Temple of Edfu」條目：埃德富神廟 https://en.wikipedia.org/wiki/Temple_of_Edfu
159. 〈Imhotep〉，取自 Art Encyclopdia 網站：http://www.visual-arts-cork.com/architecture/imhotep.htm。
160. 葛瑞姆・漢卡克著，周健譯。《天之鏡》，第 87 頁。
161. 葛瑞姆・漢卡克著，周健譯。《天之鏡》，第 86 頁。
162. Cultureland，《世界歷史地圖》。新北市：楓樹林出版，2014 年，第 16 頁。
163. 葛瑞姆・漢卡克著，周健譯。《天之鏡》，第 133 頁。
164. 同上，第 116-118 頁。
165. 喬納森・格雷著，邱琳光譯。《被竊的身分——耶穌・基督：是歷史還是騙局？》，第 382 頁。
166. 安德魯・羅賓森著，洪世民譯。《文字的秘密》，第 44 頁。
167. 取自英文維基百科「Sphinx」條目：https://en.wikipedia.org/wiki/Sphinx。

168.〈LIONS (PANTHERA LEO) IN EGYPT〉，取自「Lion ALERT」網站：http://lionalert.org/alert/lions_in/Egypt。
169.沼澤茂美、脇屋奈奈代著，林昆樺譯。《圖解星座神話故事》，台北市：台灣東販，2015年，第7-8頁。
170.同上。
171.取自百度百科「金字塔銘文」條目：https://baike.baidu.com/item/%E9%87%91%E5%AD%97%E5%A1%94%E9%93%AD%E6%96%87。
172.沼澤茂美、脇屋奈奈代著，林昆樺譯。《圖解星座神話故事》，第8頁。
173.宋瑞芝、黎海波。〈古埃及文化對世界文化的影響〉。《湖北大學學報》（哲學社會科學版）第31卷第4期（2004年），第3-4頁。
174.取自中文維基百科「克勞狄烏斯・托勒密」條目：https://zh.wikipedia.org/wiki/%E5%85%8B%E5%8A%B3%E7%8B%84%E4%B9%8C%E6%96%AF%C2%B7%E6%89%98%E5%8B%92%E5%AF%86。
175.沼澤茂美、脇屋奈奈代著，林昆樺譯。《圖解星座神話故事》，第8-9頁。
176.撒迦利亞・西琴著，李良波譯。《地球編年史第二部：通往天國的階梯》，第370頁。
177.同上，第370-371頁。
178.同上，第371-372頁。
179.德隆瓦洛・默基瑟德著，羅孝英譯。《生命之花的靈性法則》。台北市：方智出版社，2016年，第41-42頁。
180.“*Hidden Chambers Beneath The Sphinx: Rare Images Show How To Access The Sphinx*”. Ancient Code. https://www.ancient-code.com/secret-chambers-beneath-sphinx-rare-images-show-access-sphinx/

181. 埃及獅身人面像之謎　獅身人面像是誰的臉又是誰建造的〉，取自每日頭條：http://www.ntdtv.com/xtr/b5/2015/08/20/a1218645.html，2016年8月3日。

182. 葛瑞姆漢卡克著，汪仲譯。《上帝的指紋（上）》，商周出版，2012年，第318頁。

183. 阿爾圖羅・馬爾瑟羅・帕斯夸爾、特奧・戈麥斯著，李家蘭譯。《神話》，第368-370頁。

印度文明

婆羅門教與印度洪水神話

184. 黃晨淳，《印度神話故事》。台中市：好讀出版，2018年，第23及26頁。

185. 同上，第94-96頁。

186. 同上，第24-27頁。

187. 安伯托艾可著，林潔盈譯。《異境之書》，第146頁。

188. 黃晨淳，《印度神話故事》，第34-35頁。

印度教三相神與守望者之對應

189. 龍昌黃。《印度文明》，第二版。台北市：華滋出版，2015年，第172-173頁。

190. 施勒・伯格著，范晶晶譯。《印度諸神的世界：印度教圖像學手冊》。上海市：百家出版社，2016年，第65頁。

191. 取自中文維基百科「梵天」條目：https://zh.wikipedia.org/wiki/%E6%A2%B5%E5%A4%A9。

192. 施勒・伯格著，范晶晶譯。《印度諸神的世界：印度教圖像學手冊》，第33頁。

193. 龍昌黃。《印度文明》，第二版，第 172 頁。
194. 取自中文維基百科「梵天」條目：https://zh.wikipedia.org/wiki/%E6%A2%B5%E5%A4%A9。
195. 取自中文維基百科「善見神輪」條目：https://zh.wikipedia.org/wiki/%E5%96%84%E8%A6%8B%E7%A5%9E%E8%BC%AA。
196. 施勒．伯格著，范晶晶譯。《印度諸神的世界：印度教圖像學手冊》，第 46 頁。
197. 取自中文維基百科「摩奴」條目：https://zh.wikipedia.org/wiki/%E6%91%A9%E5%A5%B4。
198. 葛瑞姆．漢卡克著，高志仁譯。《上帝的魔島（前篇）》。台北市：台灣先智出版，2004 年，第 222 頁。
199. 喬納森．格雷著，邱琳光譯。《被竊的身分——耶穌．基督：是歷史還是騙局？》，第 89 頁。
200. 取自中文維基百科「達羅毗荼人」條目：https://zh.wikipedia.org/wiki/%E8%BE%BE%E7%BD%97%E6%AF%97%E8%8D%BC%E4%BA%BA。
201. 葛瑞姆．漢卡克著，汪仲譯。《上帝的指紋（下）》，第 176 頁。
202. 葛瑞姆．漢卡克著，高志仁譯。《上帝的魔島（前篇）》，第 229 頁。
203. 取自中文維基百科「迦樂季」條目：https://zh.wikipedia.org/wiki/%E8%BF%A6%E5%B0%94%E5%90%89。
204. 葛瑞姆．漢卡克著，周健譯。《天之鏡》，第 156 頁。
205. 同上，第 344 頁。

吳哥建築的天文地理佈局

206. 葛瑞姆．漢卡克著，周健譯。《天之鏡》，第 147-153 頁。

207. 同上，第 343-344 頁。
208. 同上，第 139 頁。

吳哥建築的神秘特徵

209. 葛瑞姆．漢卡克著，周健譯。《天之鏡》，第 207 頁。
210. 同上，第 184 頁。
211. 取自中文維基百科「須彌山」條目：https://zh.wikipedia.org/wiki/%E9%A1%BB%E5%BC%A5%E5%B1%B1。
212. 取自中文維基百科「蘇美」條目：https://zh.wikipedia.org/wiki/%E8%8B%8F%E7%BE%8E%E5%B0%94。
213. 取自英文維基百科「Sphinx」條目：https://en.wikipedia.org/wiki/Sphinx。
214. 泰國的獅神 https://en.wikipedia.org/wiki/Chinthe
215. 森瀨繚著，鄒玟羚譯。《墮天使事典》，第 29 頁。
216. 葛瑞姆．漢卡克著，周健譯。《天之鏡》，第 146 頁。
217. 取自中文維基百科「劍龍屬」條目：https://zh.wikipedia.org/wiki/%E5%8A%8D%E9%BE%8D%E5%B1%AC。
218. 菲利普．布雷特著，李志濤、王怡譯。《世界末日的九種可能》。台北市：博雅書屋，2011 年，第 10-15 頁。
219. MR. ANGKOR，〈將軍廟 / 達松寺—— TA SOM〉，取自「吳哥窟，深度旅遊日記」：http://www.mr-angkor.com/ta_som/，2014 年 9 月 7 日。

最後的佈局：對準寶瓶座的神秘建築

220. 取自中文維基百科「寶瓶座」條目：https://zh.wikipedia.org/wiki/%E5%AF%B6%E7%93%B6%E5%BA%A7。

221. 取自中文維基百科「恩基」條目：https://zh.wikipedia.org/wiki/%E6%81%A9%E5%9F%BA。

222. 取自中文維基百科「波賽頓」條目：https://zh.wikipedia.org/wiki/%E6%B3%A2%E5%A1%9E%E5%86%AC。

223. 稻草人語，《星座神話》，新北市：九韵文化，2016年，第282頁。

224. 取自中文維基百科「默冬週期」條目：https://zh.wikipedia.org/wiki/%E9%BB%98%E5%86%AC%E7%AB%A0。

摩亨佐達羅的毀滅之謎

225. 龍昌黃。《印度文明》，第二版，第44-45頁。

226. 安德魯．羅賓森著，洪世民譯。《文字的秘密》，第147頁。

227. 葛瑞姆．漢卡克著，周健譯。《天之鏡》，第246-247頁。

228. 安德魯．羅賓森著，洪世民譯。《文字的秘密》，第148頁。

229. 默西亞．埃里亞德著，吳靜宜、陳錦書譯。《世界宗教理念史：卷一》，第149頁。

230. 取自百度百科「摩亨佐．達羅」條目：https://baike.baidu.com/item/%E6%91%A9%E4%BA%A8%E4%BD%90%C2%B7%E8%BE%BE%E7%BD%97。

231. 取自中文維基百科「玻璃石」條目：https://zh.wikipedia.org/wiki/%E7%8E%BB%E7%92%83%E7%9F%B3。

232. 毗耶娑著，黃寶生譯。《薄伽梵歌：最偉大的哲學詩》，新北市：自由之丘文創，2017年，第169、177-178頁。

233. 取自百度百科「摩亨佐．達羅」條目：https://baike.baidu.com/item/%E6%91%A9%E4%BA%A8%E4%BD%90%C2%B7%E8%BE%BE%E7%BD%97。

234. 撒迦利亞．西琴著，徐冬妲、宋易譯。《地球編年史第六部：宇宙密碼》，第148頁。

235. 鐘堅。《爆心零時：兩岸邁向核武歷程》。台北市：麥田出版，2004年，第53-54頁。

236. 撒迦利亞．西琴著，徐冬妲、宋易譯。《地球編年史第六部：宇宙密碼》，第151頁。

237. 取自中文維基百科「毗濕摩」條目：https://zh.wikipedia.org/wiki/%E6%AF%97%E6%BF%95%E6%91%A9。

238. 取自中文維基百科「阿周那」條目：https://zh.wikipedia.org/wiki/%E9%98%BF%E5%91%A8%E9%82%A3。

239. 毗耶娑著，黃寶生譯。《薄伽梵歌：最偉大的哲學詩》，第30頁。

240. 黃晨淳，《印度神話故事》，第90頁。

阿魯納奇拉山與洪水神話

241. 黃晨淳，《印度神話故事》，第40頁。

242. 葛瑞姆．漢卡克著，高志仁譯。《上帝的魔島（前篇）》，第358-361頁。

243. 同上，第362頁。

翻攪乳海神話與杜瓦爾卡古城沉沒之謎

244. 黃晨淳，《印度神話故事》，第 13-16 頁。
245. 楊怡爽。《印度神話》。西安市：陝西人民出版社，2015 年，第 35-36 頁。
246. 葛瑞姆・漢卡克著，周健譯。《天之鏡》，第 164-165 頁。
247. 黃晨淳，《印度神話故事》，第 86-87 頁。
248. 同上，第 88 頁。
249. 同上，第 91 頁。
250. 葛瑞姆・漢卡克著，高志仁譯。《上帝的魔島（前篇）》，第 176 頁。
251. 同上，第 334-335 頁。
252. 同上，第 339-346 頁。
253. 同上，第 350 頁。
254. 同上，第 219 頁。

科奈克太陽神廟與守望者的神秘連繫

255. 龍昌黃。《印度文明》，第二版，第 93 頁。
256. 同上，第 210 頁。
257. 近藤二郎著，張秋明譯。《圖解古埃及文明》，第 112-113 頁。
258. 楊怡爽。《印度神話》，第 169 頁。
259. 黃晨淳，《印度神話故事》，第 12 頁。

260. 同上，第89頁。
261. 森瀨繚著，鄒玟羚譯。《墮天使事典》，第50頁。

中國文明

蚩尤與守望者

262. 袁珂。《中國古代神話》，商務印書館，2013年，第22-23頁。
263. 取自百度百科「蚩尤」條目：https://baike.baidu.com/item/%E8%9A%A9%E5%B0%A4/89050。
264. 袁珂。《中國古代神話》，第58-59頁。
265. 同上，第13頁。

中國版的大洪水神話

266. 同上，第30-31頁。
267. 同上，第100頁。
268. 馬兆鋒。《女媧的指紋：中國史前秘檔》。台北市：龍圖騰文化，2016年，第357頁。
269. 取自象形字典「昔」條目：http://www.vividict.com/WordInfo.aspx?id=1992。

中國人祖先：伏羲、女媧與該隱家族

270. 取自百度百科「伏羲女媧」條目：https://baike.baidu.com/item/%E4%BC%8F%E7%BE%B2%E5%A5%B3%E5%A8%B2/1293353。

271. 袁珂。《古神話選釋》，北京市：中國計量出版，2017年，第23-24頁。
272. 易中天。《易中天中華史：祖先》，商務印書館，2013年，第60-61頁。
273. 劉明武。《天文曆法與中國文化》。北京市：中國社會科學出版社，2017年，《N點一線下的天災二十四節氣》第4頁。
274. 同上。
275. 祖行。《圖解易經》，新北市：華威國際出版，2017年，第24-25頁。
276. 袁珂。《古神話選釋》，第28-30頁。

祖先的祖先：華胥氏與夏娃、雷神與基路伯天使

277. 同上，第31頁。
278. 同上，第26頁。
279. 取自維基百科「華胥氏」條目：https://zh.wikipedia.org/wiki/%E5%8D%8E%E8%83%A5。
280. 取自維基百科「華陽」條目：https://zh.wikipedia.org/wiki/%E5%8D%8E%E9%98%B3。
281. 取自象形字典「華」條目：http://www.vividict.com/WordInfo.aspx?id=2522。
282. 取自象形字典「疋」條目：http://www.vividict.com/WordInfo.aspx?id=4013。
283. 取自象形字典「蚩」條目：http://www.vividict.com/WordInfo.aspx?id=2987。
284. 取自象形字典「雷」條目：http://www.vividict.com/WordInfo.aspx?id=2064。

神農氏炎帝與太陽神

285. 嚴優。《諸神紀》。北京市：北京大學出版社，2017年，第144頁。

286. 趙爭耀。〈中華文化溯源：探神秘"華胥古國"〉，取自《CRI online國際在線》網站：http://news.cri.cn/gb/9223/2006/03/20/1266@954809.htm，2006年3月20日。

287. 袁珂。《古神話選釋》，第48頁。

黃帝與上帝

288. 同上，第66頁。

289. 楊寬。《中國上古史導論》。上海市：上海人民出版社，2016年，第111頁。

天體災難與中國文明

290. 袁珂。《古神話選釋》，第5頁。

291. 王唯工。《河圖洛書前傳》。台北市：商周出版，2015年，第47頁。

292. 同上，第21頁。

293. 同上，第95-96頁。

294. 嚴優。《諸神記》，第125頁。

295. 周有光。《世界文字發展史》，香港：商務印書館（香港），2016年，第16頁。

296. 嚴優。《諸神記》，第117頁。

297. 饒宗頤。《符號、初文與字母——漢字樹》，第106-110頁。
298. 蘇秉琦。《滿天星斗：蘇秉琦論遠古中國》，北京市：中信出版，2016年，第19、22、45頁。
299. 同上，第19頁。

帝俊與太陽神

300. 袁珂。《中國古代神話》，第46-47頁。
301. 嚴優。《諸神記》，第233-236頁。
302. 袁珂。《中國古代神話》，第51頁。
303. 葛瑞姆．漢卡克著，周健譯。《天之鏡》，第129-130頁。
304. 楊寬。《中國上古史導論》，第138頁。

帝嚳與太陽神

305. 嚴優。《諸神紀》，第167-168頁。
306. 同上，第171-173頁。
307. 袁珂。《古神話選釋》，第126-127頁。
308. 楊寬。《中國上古史導論》，第138頁。

中國星宿與西方星座之對應

309. 徐剛、王燕平。《星空帝國：中國古代星宿揭秘》，北京市：人民郵電出版社，2016年，第6-9頁。
310. 同上，第5頁。
311. 同上，第181-183頁。
312. 嚴優。《諸神紀》，第186頁。
313. 徐剛、王燕平。《星空帝國：中國古代星宿揭秘》，第87頁。
314. 同上，第82頁。
315. 同上，第52及57頁。

巴蜀文化與神秘三星堆

316. 楊寬。《中國上古史導論》，第148頁。
317. 范勇。《解謎三星堆：開啟中華文明之門》。成都市：天地出版社，2017年，第227頁。
318. 嚴優。《諸神紀》，第265頁。
319. 取自象形字典「蜀」條目：http://vividict.com/WordInfo.aspx?id=2976。
320. 范勇。《解謎三星堆：開啟中華文明之門》，第232頁。
321. 取自中文維基百科「有緡氏」條目：https://zh.wikipedia.org/zh-tw/%E6%9C%89%E7%BC%97%E6%B0%8F。
322. 楊寬。《中國上古史導論》，第150-154頁。
323. 范勇。《解謎三星堆：開啟中華文明之門》，第197-202頁。

324. 取自中文維基百科「九黎」條目：https://zh.wikipedia.org/zh-tw/%E4%B9%9D%E9%BB%8E。
325. 范勇。《解謎三星堆：開啟中華文明之門》，第 204-229 頁。

三星堆的青銅文明與中東文化

326. 何大江。〈三星堆，竟然挖出了埃及法老金杖?〉，取自《每日頭條》網站：https://kknews.cc/zh-hk/culture/2axlar.html，2016 年 3 月 21 日。
327. 嚴優。《諸神紀》，第 225 頁。
328. 同上。
329. 取自中文維基百科「青銅立人像」條目：https://zh.wikipedia.org/wiki/%E9%9D%92%E9%93%9C%E7%AB%8B%E4%BA%BA%E5%83%8F。
330. 范勇。《解謎三星堆：開啟中華文明之門》，第 277 頁。
331. 同上，第 255 頁。
332. 嚴優。《諸神紀》，第 263-265 頁。
333. 取自中文維基百科「圖坦卡門」條目：https://zh.wikipedia.org/wiki/%E5%9B%BE%E5%9D%A6%E5%8D%A1%E8%92%99。
334. 取自中文維基百科「青銅太陽輪」條目：https://zh.wikipedia.org/wiki/%E9%9D%92%E9%93%9C%E5%A4%AA%E9%98%B3%E8%BD%AE。
335. 取自中文維基百科「沙瑪什」條目：https://zh.wikipedia.org/wiki/%E6%B2%99%E7%8E%9B%E4%BB%80。

336. 取自中文維基百科「金杖」條目：https://zh.wikipedia.org/wiki/%E9%87%91%E6%9D%96。

337. 撒迦利亞·西琴著，宋易譯。《地球編年史第一部：第12個天體》，第42頁。

338. 何大江。〈三星堆，竟然挖出了埃及法老金杖？〉，取自《每日頭條》網站：https://kknews.cc/zh-hk/culture/2axlar.html，2016年3月21日。

339. 劉明武。《天文曆法與中國文化》，第23頁。

340. 〈夸父追日〉，取自「三門峽西部在線」網站：http://xb01.ismx.cn/html/show/86a57880-df4b-4e02-91ae-0a1cbfd4562a.html，2014年12月15日。

341. 取自維基百科「巴國」條目：https://zh.wikipedia.org/wiki/%E5%B7%B4%E5%9B%BD。

342. 徐剛、王燕平。《星空帝國：中國古代星宿揭秘》，第52頁。

343. 袁珂。《古神話選釋》，第88頁。

344. 取自百度百科「常羊山」條目：https://baike.baidu.com/item/%E5%B8%B8%E7%BE%8A%E5%B1%B1。

三星堆的後人與守望者的關聯

345. 嚴優。《諸神紀》，第280頁。

346. 取自百度百科「爾蘇人」條目：https://baike.baidu.com/item/%E5%B0%94%E8%8B%8F%E4%BA%BA。

347. 〈失去記憶的爾蘇人〉，取自「豆瓣小組」網站：https://www.douban.com/group/topic/26566233/，2011年12月29日。

348. 取自百度百科「爾蘇人」條目：https://baike.baidu.com/item/%E5%B0%94%E8%8B%8F%E4%BA%BA。

349. 同上。

350. 同上。

351. 同上。

352. 同上。

353. 〈失去記憶的爾蘇人〉，取自「豆瓣小組」網站：https://www.douban.com/group/topic/26566233/，2011年12月29日。

354. 取自百度百科「爾蘇人」條目：https://baike.baidu.com/item/%E5%B0%94%E8%8B%8F%E4%BA%BA。

355. 范勇。《解謎三星堆：開啟中華文明之門》，第302頁。

356. 同上，第304-306頁。

357. 劉明武。《天文曆法與中國文化》，中國社會科學出版社，2017年，第56-57頁。

358. 〈閏年〉，取自香港天文台網站：https://www.hko.gov.hk/gts/time/basicterms-leapyearc.htm，2014年2月25日。

359. 劉明武。《天文曆法與中國文化》，第38-40，57-61頁。

360. 王唯工。《河圖洛書前傳》，第88頁。

361. 范勇。《解謎三星堆：開啟中華文明之門》，第309-310頁。

362. 取自中文維基百科「彝族」條目：https://zh.wikipedia.org/wiki/%E5%BD%9D%E6%97%8F。

363. 葛瑞姆・漢卡克著，汪仲譯。《上帝的指紋（上）》，商周出版，2012年，第313頁。

364. 同上，第314頁。

365. 石澤良昭著，林佩欣譯。《亦近亦遠的東南亞》。新北市：八旗文化，2018年，目錄前地圖。

歲差矩形的驚世佈局

366. 石澤良昭著，林佩欣譯。《亦近亦遠的東南亞》。第39頁。
367. 杜宇 https://zh.wikipedia.org/wiki/%E6%9D%9C%E5%AE%87
368. 《三星堆、金沙與吳哥窟將合作推進學術文化交流》，中國社會科學網。http://www.cssn.cn/zx/xshshj/xsnew/201706/t20170609_3545709.shtml
369. 《四川三星堆、金沙遺址與東埔寨吳哥窟簽署諒解備忘錄》 https://kknews.cc/zh-hk/culture/maoz39z.html
370. 撒迦利亞・西琴著，李良波譯。《地球編年史第二部：通往天國的階梯》，第143-147頁。

後語

371. 卡爾・榮格著，莊仲黎譯。《榮格論心理類型》。台北市：商周出版，2018年，第393-395頁。
372. 約瑟夫・坎貝爾著，黃珏苹譯。《千面英雄》。杭州市：浙江人民出版社，2016年，第228頁。
373. 約翰・柯萊恩、亞當・史必爾斯著，林秀娟譯。《原來如此：卷一》，第172頁。

鳴謝

首要鳴謝資深傳媒人Gary Kwan多次邀請我上其節目《無奇不有》作嘉賓，才讓大眾開始認識我及我的首部著作《上帝的叛徒：守望者》（《上帝的叛徒：墮落守望者》為第一集《上帝的叛徒：守望者》的最新修訂版）。我本是《無奇不有》的忠實聽眾，能受邀作嘉賓的確是我的榮幸。

緊接要鳴謝的就是筆求人出版社編輯王若愚，這是我跟他的第三次合作，每次他都給予寶貴而專業的意見，確實讓我獲益良多。《上帝的叛徒：墮落守望者》能夠再次修訂出版，也有賴他的精心編輯和排版。

另外，不得不鳴謝平面設計師Joann Leung，感謝她繼《上帝的叛徒II：亞特蘭提斯》後，再次為《上帝的叛徒：墮落守望者》作封面設計，得以讓《上帝的叛徒》系列作品封面有一致而美觀的設計。

當然也要鳴謝香港著名古箏演奏家何瑩瑩，她的配樂讓我的Youtube頻道【上帝的信徒】和Patreon會員專區生色不少。頻道訂閱量隨時間不斷上升，促使潛在讀者也隨之增加，她配樂的貢獻實在功不可沒。

最後，我必需萬分感激我頻道的字幕編輯 Flora，她從百忙中抽空幫忙為每星期的頻道影片製作字幕。Flora用字精準，能準確把我的粵語講詞翻譯成標準中文詞彙，為非粵語華人聽眾提供字幕輔助，逐步讓【上帝的信徒】打入其他地區的華人市場。

作者簡介

林江

林江，香港中文大學物理學碩士、教育碩士及通識碩士，對物理、天文、宗教、神話、考古以及神秘學有廣泛興趣。曾著有《上帝的叛徒：守望者》、《躺著也賺錢 財務自由手冊：從指數投資到價值投資》及《上帝的叛徒 2：亞特蘭提斯》等著作。《上帝的叛徒：墮落守望者》爲第一集《上帝的叛徒：守望者》的最新修訂版。

上帝的叛徒：
墮落守望者 增修版

作者　：林江
出版人：Nathan Wong
編輯　：尼頓

出版：筆求人工作室有限公司 Seeker Publication Ltd.
地址：觀塘偉業街189號金寶工業大廈2樓A15室
電郵：penseekerhk@gmail.com
網址：www.seekerpublication.com

發行：泛華發行代理有限公司
地址：香港新界將軍澳工業邨駿昌街七號星島新聞集團大廈
查詢：gccd@singtaonewscorp.com

國際書號：978-988-70098-4-9
出版日期：2024年3月
定價　　：港幣128元

筆求人
Seeker Publication

PUBLISHED IN HONG KONG